YOSHUKU

YOSHUKU

EL ARTE JAPONÉS DE LA MANIFESTACIÓN

AZUMI UCHITANI

Traducción de Mónica Campos

Urano
Argentina - Chile - Colombia - España
Estados Unidos - México - Perú - Uruguay

Título original: *Yoshuku, the Japanese Art of Manifesting*
Editor original: Michael Joseph, un sello del grupo Penguin Random House
Traducción: Mónica Campos

1.ª edición: octubre 2025

López de Hoyos, 92, Planta Baja Derecha – 28002 Madrid
www.edicionesurano.com

ISBN: 979-13-87662-09-7
E-ISBN: 979-13-87750-33-6
Depósito legal: M-17.338-2025

Fotocomposición: Urano World Spain, S.A.U.
Impreso por: Rotativas de Estella – Polígono Industrial San Miguel
Parcelas E7-E8 – 31132 Villatuerta (Navarra)

Impreso en España – *Printed in Spain*

A mi hijo, Max.
Mi mayor regalo, mi luz resplandeciente.

ÍNDICE

桜

Sakura

Cerezo en flor

PRÓLOGO

Tifones y cerezos en flor

Siempre he recordado las sabias enseñanzas que aprendí del monje budista de nuestra familia.

Nací y me crie en una familia tradicional de Wakayama, una tierra donde la naturaleza y la espiritualidad están profundamente entrelazadas. Esta región, con sus impresionantes paisajes marítimos y montañosos, presenta numerosos enclaves sagrados, como el monte Koya (cuna del budismo shingon), y alberga la antigua ruta de peregrinación de Kumano Kodo, que las personas hacen para rendir culto a la naturaleza y a sus divinidades en la tradición sintoísta. Crecer en un entorno así ha marcado tanto mi camino como mi forma de entender la vida.

Mi infancia estuvo repleta de celebraciones y rituales que estaban arraigados en el sintoísmo y el budismo. Uno de los más importantes es el O-Bon, una festividad de culto budista que honra el espíritu de los antepasados y que las familias y comunidades celebran en el mes de agosto. Cada O-Bon, un monje budista viene a celebrar una ceremonia especial para mi familia y mis antepasados. Sin embargo, a finales del verano, Wakayama suele ser azotada por los tifones, lo que nos recuerda el incontrolable poder de la naturaleza. Un año, la ceremonia del monje coincidió con una fuerte tormenta. Tras su larga oración, pronunciada por encima de los sonidos del viento y la lluvia, el monje sorbió su té y dijo con calma: «Recordad que la próxima primavera tendremos unos hermosos cerezos en flor *sakura*. ¿Sabéis por qué? Durante las fuertes tormentas, como los tifones, los árboles resisten; se hacen más fuertes y desarrollan sus raíces para sobrevivir. Cuando los árboles se fortalecen, con más energía vital, dan más flores en primavera».

Y he aprendido que esto también es cierto para los seres humanos. En nuestro viaje hacia el crecimiento y la manifestación de nuestros sueños, puede que nos enfrentemos a dificultades y tengamos la tentación de rendirnos. Pero estas son oportunidades para la inspiración y el crecimiento. Nos fortalecemos en espíritu y florecemos con mayor abundancia gracias a ello. Hacer realidad nuestros sueños forma parte del viaje. Cuando tenía poco más de veinte años, me mudé de Japón a Inglaterra para proseguir mis estudios antes de instalarme en Ámsterdam. Me había fijado unos objetivos y tenía una lista de deseos, como muchas otras personas. Uno a uno, fui manifestando todo lo que quería. A los veinticinco años me había comprado una casa y me había casado; a los veintinueve monté mi primer negocio y a los treinta y uno fui madre. A los treinta y dos, mi vida era abundante en riqueza material. Sin embargo, junto a esta prosperidad, sufría un trastorno autoinmune crónico. Ocultaba mi sufrimiento físico y mental, y seguía manifestando la vida de lujo que compartía con mi marido en aquella época. Lo que logramos juntos (su carrera, mi carrera) parecía maravilloso desde fuera, pero por dentro yo sufría y mi matrimonio se desmoronaba.

Y entonces llegó el tifón de mi vida: me vi al borde de la muerte en el hospital.

En el abismo de la oscuridad, experimenté el *satori*, una iluminación instantánea. Despojada de todo (posesiones, estatus y apariencia), me vi obligada a redescubrir mi auténtico yo y encontré la plenitud, la felicidad y la gratitud verdaderas. Me di cuenta de que había querido manifestar continuamente para ponerme a prueba a mí misma, guiada por hábitos inconscientes relacionados con el estatus y el ego. Pero en aquella cama de hospital, vestida con una bata de paciente y alejada de mis pertenencias y hogar, me di cuenta de que mi auténtico poder estaba en mí misma: en mi fuerza interior y en mi confianza. El auténtico valor de la vida surgía de dentro. Simplemente estar en este planeta, henchida de gratitud y amor, hacía que vivir mereciera la pena. Esta es la auténtica esencia del concepto japonés de *ikigai*: la razón de ser.

En ese momento, cambié de mentalidad y pasé de enfocarme en lo que me faltaba a reconocer lo que tenía y sentir aprecio por todo, desde mi cuerpo, mi familia y las personas que me rodeaban hasta mis antepasados, la naturaleza y el aire que respiraba.

Ikigai, o la razón de vivir, no es lo mismo que tener un propósito de vida. Es una sensación de plenitud y contención, de paz y felicidad que podemos sentir incluso si no nos dedicamos a ninguna actividad concreta ni tenemos ciertas pertenencias. Esta sensación de plenitud puede surgir simplemente contemplando la luna y experimentando la unidad mediante el poder innato que llevamos dentro y utilizando nuestra capacidad para conectar con la energía divina, que es la fuente de la que procedemos.

Durante mi enfermedad, perdí el 15% de mi peso corporal, así como proteínas y minerales esenciales. No podía andar y estaba postrada en una silla de ruedas. Cuando entré en el gimnasio del hospital para hacer mi rehabilitación, me recibieron algunos pacientes que habían progresado con sus ejercicios. Yo ni siquiera podía mantenerme en pie sin ayuda y empecé a llorar. En la sala había otras cuatro personas en silla de ruedas. Se acercaron alegremente para animarme. Cuando miré alrededor, me di cuenta de que era la única que tenía brazos y piernas. A los demás les faltaban extremidades, pero aun así seguían fortaleciendo sus cuerpos con esmero. Uno de ellos, un hombre de Países Bajos, me dijo con una sonrisa que todo iría bien.

Entonces me hizo una pregunta: ¿Qué me gustaría hacer cuando pudiera ponerme de pie y volver a andar? Sin dudarlo, le contesté: «Quiero salir a pasear con mi hijo y mi perro. Quiero bailar tango de nuevo. Me encanta bailar y quiero volver a bailar el tango argentino». Mientras hablaba, empecé a sentir la música en mi cuerpo, la sensación de movimiento. Mi espíritu estaba bailando.

A partir de ese momento, consideré que mis ejercicios eran una preparación para el futuro y una celebración de la vida. Sentí cada movimiento como parte de una danza. Estaba rodeada de completos desconocidos y, sin embargo, sentía el *nakama*; el término japonés para la camaradería: algo que va más allá de la amistad, un estrecho vínculo a partir de un propósito y una misión comunes que se buscan alcanzar con compasión, confianza y protección. La energía del amor y la paz nos envolvió de luz, trascendiendo el mundo físico.

Aunque no me daría cuenta hasta muchos años después, estaba experimentando exactamente el *yoshuku*.

La antigua tradición del *yoshuku* es el arte japonés de la manifestación. Se fundamenta en expresar aprecio y gratitud, la unión con la naturaleza y la conciencia de que el momento presente da forma al futuro. Se trata, simplemente, de mostrar gratitud por nuestra existencia, por lo que nos rodea y por lo que está por venir. Se extiende más allá de los objetivos personales, abarcando a las personas que nos rodean: familia, seres queridos, amigos, colegas, la comunidad, la sociedad, la nación, la naturaleza y el universo entero.

Yo necesitaba reconstruir mi cuerpo (recuperar la fuerza física y mental) para volver a vivir la vida con plenitud. Empecé por sentir la alegría de bailar sin poder bailar todavía. A veces, que un completo desconocido nos pregunte algo es todo lo que necesitamos.

El día que el sacerdote budista vino a casa de mi familia, se me saltaron las lágrimas cuando escuché sus palabras en medio de la tormenta. Su sabiduría ha permanecido conmigo como un bonito impermeable que puedo ponerme cuando llegan los tifones. Como él sugirió, me siento más fuerte y compasiva desde que tuve mi enfermedad. Exactamente como él dijo, he florecido más que nunca.

Los dos meses de hospitalización que pasé en Ámsterdam en 2012 me dieron una nueva perspectiva y un nuevo mundo en el que vivir. Mi sufrimiento acabó en cuanto abandoné mis intentos de manifestar objetivos y deseos materiales para mi ego. Volví a lo básico y me sumergí en las antiguas enseñanzas y creencias japonesas. Mi vida dio un giro... y aquí estoy.

He encontrado una manera de moverme por la vida utilizando la esencia de la sabiduría japonesa, la cual me fue transmitida por mi familia, antepasados y grandes maestros. Sin embargo, aunque lo llamamos «manifestar», este no es el objetivo final. Por el contrario, se ha convertido en mi rutina diaria practicar mis habituales costumbres japonesas, arraigadas en el sintoísmo y el budismo shingon, junto con los ritos culturales tradiciones que aprendí de mi madre y mi abuela: la sabiduría transmitida de generación en generación en la tierra espiritual de Wakayama. Esto me conecta con la Tierra y las energías divinas superiores, y me hace madurar como persona. También me da la fuerza y el coraje necesarios para actuar con valentía e intuición, así como para tomar decisiones conscientes.

A lo largo de los años, he logrado incluir la ancestral sabiduría japonesa en mi moderna forma de vida, dondequiera que me encuentre. Con este libro, descubrirás algunas de las tradiciones que forman parte integral del *yoshuku*, manifestándolas a través de la apreciación y descubriendo el contexto que hay detrás de estas prácticas y filosofía de vida, de forma que puedas convertirlas en parte de tu día a día. Con esta guía práctica, aprenderás el arte japonés de la manifestación, el cual te ayudará a vivir conectado a un estado de fluidez, amor, prosperidad y paz interior.

PARTE 1

La sabiduría del *yoshuku*

Kami

Divinidad

CAPÍTULO 1

¿Qué es el *yoshuku*?

El *yoshuku* es una tradición japonesa ancestral que celebra, por adelantado y siguiendo ciertos rituales, un suceso importante que deseamos para nuestra vida. *Yo* (予) significa «por adelantado» o «antes», y *shu-ku* (祝) significa «celebración». Juntos significan «celebración por adelantado».

Yoshuku y sintoísmo

En las últimas décadas, la palabra «zen» se ha popularizado para designar los momentos de atención plena. Muchos occidentales asocian la espiritualidad y la estética japonesas con el budismo zen, que a nivel visual se manifiesta en los jardines zen japoneses (representantes de la pureza y la sencillez), mientras que otros las experimentan a través de la meditación zen. Sin embargo, estas interpretaciones son solo la punta del iceberg de la espiritualidad japonesa, que va mucho más allá del zen. Las peculiaridades de la cultura y el estilo de vida japoneses han atraído a personas de todo el mundo desde que estamos conectados digitalmente, especialmente en lo relativo a aspectos místicos y abstractos. Los últimos treinta años de mi vida, que he pasado sobre todo en Europa, los he dedicado a descifrar este misticismo y a hacer comprender mejor la antigua sabiduría japonesa y el modo de vida japonés.

Lo que diferencia la riqueza cultural de Japón es la religión autóctona y la filosofía de vida sintoísta, que se remonta al periodo prehistórico Jōmon (14.000-300 a. C.). Es importante entender el sintoísmo no como un mero objeto de investigación, sino como la encarnación de un antiguo linaje, arraigado en el corazón de Japón, una tierra impregnada de espiritualidad y naturaleza, donde el sintoísmo y el budismo han estado conectados desde tiempos ancestrales. Aunque el sintoísmo ya formaba parte de la cultura japonesa cuando el budismo llegó al país en el siglo VI, pronto se fusionaron en las comunidades niponas.

El sintoísmo se basa en la creencia de que coexistimos con innumerables divinidades, unos espíritus divinos llamados *kami* entre los que se encuentran nuestros espíritus ancestrales, poderosos espíritus locales y los espíritus de la naturaleza. El sintoísmo comparte la creencia del animismo de que todas las cosas, tanto animadas como inanimadas, tienen una esencia espiritual. Creemos que nuestras vidas están respaldadas y protegidas por la energía divina, que vivimos junto a esas fuerzas invisibles.

Nuestros antepasados establecieron enclaves sagrados en montañas, lagos, campos y bosques, donde la energía divina se intensifica, y construyeron santuarios sintoístas, cada uno con una puerta de madera de dos pilares (*torii*) que nos invitan a sintonizar con los *kami*.

En el sintoísmo no hay fundador ni doctrina, sino que evolucionó de forma natural. Los japoneses no solemos describir el sintoísmo como una «religión», sino más bien como una filosofía de vida, un conjunto de rituales llevados a cabo en comunidades y familias, transmitidos de generación en generación y en los que el sacerdote sintoísta del santuario local dirige y realiza los distintos rituales y ceremonias.

Para manifestar una vida tranquila, feliz, saludable y próspera, reconocemos todo lo que recibimos de los *kami*. Entendemos que para manifestar lo que queremos en la vida, debemos expresar gratitud. El agradecimiento acerca nuestra vibración a los *kami* para que podamos establecer conexiones con ellos. En la sociedad japonesa actual, seguimos participando activamente en rituales y ceremonias que tienen su origen en las antiguas prácticas sintoístas, con nuestras familias, amigos, colegas y comunidades. Las eternas enseñanzas del sintoísmo reflejan la esencia inmutable de la humanidad, aunque nuestra sociedad siga evolucionando.

Estas alegres costumbres y tradiciones japonesas pueden ser adoptadas por cualquier persona, con independencia de su origen, lugar de residencia, edad o religión, y ofrecen un camino para la manifestación de una vida armoniosa y tranquila.

Yoshuku: manifestar de forma colectiva celebrando las estaciones del año

El concepto de *yoshuku* se remonta a tradiciones espirituales y culturales japonesas ancestrales y constituye la base de festividades que se celebran en las diferentes estaciones del año. Estos eventos estacionales han formado parte de rituales sintoístas durante siglos, y continúan conmemorando, de forma anticipada, la buena cosecha y la buena salud dando las gracias a los *kami*, al sol, a la naturaleza y a nuestros antepasados en el cambio de estación.

Estos rituales tienen su origen en una forma de vida rural que estaba centrada en la comunidad y en la que nuestros antepasados expresaban sus sentimientos de gratitud por el resultado que deseaban. También están profundamente arraigados en el sintoísmo, que considera que la vida y la naturaleza son cíclicas y están interconectadas. Al dar las gracias a los *kami* y a nuestros antepasados, y al experimentar las emociones asociadas a los deseos, creamos y afianzamos poderosos recuerdos y sensaciones en nuestro campo energético como si ya hubieran sucedido. Es la energía, creada en el momento presente, la que se manifestará como la realidad que deseamos en el futuro.

Los santuarios sintoístas dedicados a los *kami* pueden encontrarse tanto en zonas urbanas como rurales de Japón. Aunque tienen en común algunos rituales (como la oración, la reverencia, las palmadas y las ofrendas de arroz, sal y sake), cada santuario tiene, generalmente, sus propios rituales, ceremonias y festivales de celebración para el *kami* local al que está consagrado. Por el contrario, los rituales budistas japoneses suelen girar en torno a ceremonias y servicios conmemorativos que honran y sanan a los antepasados fallecidos, junto con cánticos, meditaciones y enseñanzas que reflejan las tradiciones filosóficas y espirituales del budismo.

La comunidad disfruta de los festivales sintoístas y se congrega gracias a rituales, actuaciones tradicionales de música y danza teatral, antiguas prácticas cargadas de simbolismo, procesiones y el reparto de ofrendas y alimentos de la buena fortuna. Estas ceremonias están diseñadas para alinear los pensamientos y sentimientos personales (nuestro mundo interior) con las esperanzas y los deseos del grupo.

Al experimentar nuestros deseos en el momento presente y celebrar colectivamente y por adelantado su cumplimiento, aumentamos las vibraciones de nuestra energía e invitamos a nuestros deseos y esperanzas a que permanezcan en nuestros campos energéticos. A través de los eventos *yoshuku* estacionales, exponemos colectivamente nuestras esperanzas y deseos para poder manifestarlos. Es importante que el acto de manifestar o pedir un deseo no sea una simple visualización o una celebración puntual. Cuando estemos en el flujo de la energía vital, en la dirección de lo que queremos manifestar, tomaremos decisiones conscientes y llevaremos a cabo acciones que nos acercarán a nuestra manifestación.

Las celebraciones del *yoshuku* se hacen no solo con la familia, sino también con personas de las comunidades vecinas y de todo el país. Todo el mundo sintoniza colectivamente con la vibración de la gratitud y la alegría para que la energía que ha sido creada se multiplique. Estas prácticas del sintoísmo no evitan que nos sucedan cosas negativas, del mismo modo que no podemos evitar la lluvia o el frío en invierno. Sin embargo, a través de las creencias sintoístas y las ceremonias *yoshuku*, trabajamos el poder y la resiliencia en nuestro interior, así como un sentido de pertenencia, fortaleciendo así el vínculo con nuestra familia, amigos, comunidad, antepasados y los millones de *kami*. De este modo, incluso cuando un suceso nos puede resultar devastador, disponemos de una capacidad de recuperación que nos permite afrontar los tiempos difíciles.

Manifestar a través del agradecimiento

La manifestación de deseos ha visto disparada su popularidad en los últimos años. Vivimos en un mundo donde la información está al alcance de la mano y nuestros deseos pueden satisfacerse simplemente tocando la pantalla del teléfono móvil. Podemos acceder a información al instante, ir de compras, encontrar casa, comprar un coche, buscar un nuevo trabajo, encontrar pareja... ¿Hay algo que no podamos hacer? La tecnología avanza sin parar, haciendo nuestras vidas más cómodas y ayudando a muchas personas. Por otro lado, nos hemos acostumbrado tanto a la gratificación instantánea que las expectativas para satisfacer nuestras necesidades personales también han aumentado. En consecuencia, en lugar de sentirse más realizadas, muchas más personas sufren depresión, agotamiento, ansiedad o problemas de salud.

Todos pasamos por varias fases a la hora de manifestar nuestros sueños, deseos y anhelos personales. Trabajamos para alcanzar nuestros objetivos, ya sea ir a la universidad o acceder a una profesión respetada, casarnos, comprar una casa, tener hijos, educar a esos hijos o irnos de vacaciones. Pero, además de todo esto, también se buscan deseos más concretos, como la adquisición de bienes materiales.

Vamos de un punto a otro, del momento presente al futuro, para sentirnos felices, realizados y seguros. Sin embargo, puede que nunca nos sintamos satisfechos, pues perseguimos sueños sin parar.

A lo largo de mi vida he experimentado dos tipos diferentes de manifestación. El primero estaba impulsado por el ego y el deseo personal (*yoku*, 欲), yendo de un punto (el presente) a otro (el futuro) y viéndolos totalmente separados; un proceso interminable con el que intentaba llenar un vacío en mi corazón. Aunque manifestaba mis deseos y objetivos, mi sensación de plenitud era temporal.

El otro tipo de manifestación, que apareció sin ningún esfuerzo en mi camino después de mi enfermedad, fue totalmente diferente. Mi atención estaba en el momento presente y mi bienestar no dependía de un resultado futuro. Este último enfoque es la esencia del *yoshuku*.

Este momento es una bendición

El arte japonés de la manifestación empieza por comprender que la felicidad y la alegría se encuentran aquí y ahora en la naturaleza. Tenemos que dejar de pensar que solo seremos felices cuando manifestemos nuestros deseos, sueños y anhelos personales. Manifestar es la experiencia del momento presente; la fórmula de la apreciación y la sanación.

La filosofía de vida japonesa se centra en considerar la vida como la experiencia de cada momento, en lugar de una búsqueda de objetivos. Nuestra vida tiene un ciclo, al igual que la naturaleza y las estaciones del año, y como la mañana sigue a la noche. Además, todo tiene una doble cara, como la luz y la oscuridad, el más y el menos. Hacer realidad un sueño no será una experiencia solamente positiva, pues irá acompañada de algunos aspectos negativos, y es importante estar dispuesto a reconocer las dualidades de la vida y aceptar que ambas cosas forman parte de un todo.

Es normal que pasemos por momentos difíciles en la vida; la clave está en la actitud con la que nos enfrentamos a ello. Si sabemos mirar a nuestro alrededor, siempre podremos encontrar un aspecto positivo en medio del sufrimiento. Por ejemplo, en un momento difícil podemos estar rodeados de personas que nos quieren y apoyan. Al centrarnos en este amor y apoyo, dirigimos nuestra atención a los sentimientos de aprecio y alejamos los negativos.

No debemos confundir esto con el pensamiento positivo y la negación, que tratan de reducir la negatividad. Se trata más bien de aceptar que nuestra vida tiene dos caras, y de reconocer y aceptar la oscuridad. Cuando reconocemos la oscuridad, atraemos la luz. Si no reconocemos la oscuridad, no podemos atraer la luz. El agradecimiento es la luz. El agradecimiento trae consigo la sanación, y la sanación trae consigo la manifestación.

Algunas personas tienden a ver el mundo de forma más positiva, mientras que otras tienden a verlo de forma más negativa. Si estamos demasiado apegados a los resultados, nos olvidaremos de la belleza del momento presente. La clave del *yoshuku* es encontrar la felicidad y la paz ahora mismo.

Pensemos en la ceremonia japonesa del té, «El Camino del Té», que gira en torno a la preparación y el servicio del té matcha. No se trata solo de un ritual, sino de una forma de arte, una filosofía, que encierra una forma de vida. A los que no están familiarizados con ella, la ceremonia japonesa del té puede parecerles una forma de acabar bebiendo té en un entorno tradicional y tranquilo. Sin embargo, su verdadera importancia reside en cada paso de la ceremonia y en la preparación espiritual necesaria para compartir el momento de *ichi-go ichi-e* («una vez, un encuentro»), el reconocimiento de que cada momento es irrepetible y una experiencia única en la vida. La etiqueta, la historia y los principios, la impecable atención a los detalles (el té, los utensilios, el kimono que lleva quien sirve, el cuenco de té, el salón de té que muestra la estación del año y el propio ritual) contribuyen a la experiencia. Servir y beber el té es solo la guinda del pastel. Este proceso ceremonial, desde la perfecta preparación hasta el final, requiere una atención plena en cada detalle. Se trata de estar en el punto cero, en armonía, en un estado de equilibrio, donde nada es bueno ni malo. Practico este estado mental todos los días, diciendo en voz alta «*Arigato gozaimasu*», una oración de agradecimiento *Kansha* que reconoce que este preciso momento es una bendición. Hay muchas cosas que podríamos mejorar, pero tal y como estamos ahora, este podría ser el momento más feliz.

La mentalidad de la manifestación

A menudo somos conscientes de lo que deseamos manifestar (amor, riqueza, éxito, etc.), pero no lo somos de cómo nuestra mente subconsciente podría estar boicoteándonos, debido quizá a creencias limitantes, miedo al éxito, traumas emocionales no resueltos o una mentalidad de escasez. Este tipo de emociones negativas nos frenan y nos impiden crecer, evolucionar y manifestarnos. Imagina un árbol. Cuando las raíces están sanas, el árbol crece bien. Pero si las raíces del árbol están enfermas o débiles, el árbol no prosperará. Es importante que estemos en contacto con nuestras raíces, la parte oculta de nosotros mismos, parte de nuestra mente subconsciente, ya que es fácil cegarse ante cualquier negatividad que estemos reprimiendo.

En esta introducción al *yoshuku*, te mostraré no solo en qué consiste y una fórmula para la manifestación de la sabiduría ancestral japonesa, sino también cómo puedes preparar tu mentalidad de forma que se convierta en un terreno fértil para manifestar. Es hora de volver a esa imagen del cerezo en flor y a las sabias palabras del monje budista de mi familia. La manifestación es la flor, y necesitas raíces estables para que florezca. Así que primero debes aprender a crear raíces sanas para tu árbol.

願

Negai

Deseo

CAPÍTULO 2
Cultivar unas raíces sanas

Tenía curiosidad por conocer la definición de «manifestar» en inglés[1]. Según el Diccionario de Cambridge, manifestar es «el acto de utilizar métodos como la visualización (= imaginar algo en la mente) y la afirmación (= repetir frases positivas) para ayudarte a imaginar que consigues algo, en la creencia de que haciéndolo será más probable que suceda». En japonés se utiliza la expresión *negai* o *kanaeru* (願いを叶える). El símbolo *kanji* japonés 願い (*negai*) representa la palabra para una idea deseada, u oración, que proviene del fondo de nuestro corazón. Tiene dos partes: la parte izquierda, 原, representa «origen» o «fuente»; la parte derecha, 頁, significa directamente «página» u «hoja», pero en el contexto de los *kanji* sugiere «deseos» e «intenciones». *Negai* abarca, por tanto, la fuente de nuestros deseos e intenciones. Cuando se combina con el verbo *kanaeru* (叶える), que significa «hacer realidad nuestros sueños o deseos»,

1. Idioma de la primera edición. En español, uno de los significados de «manifestar» vendría a ser el mismo según la Real Academia Española: «Descubrir, poner a la vista». (N. de la T.)

la frase *negai* o *kanaeru* (願いを叶える) se traduce como «Al manifestar nuestros deseos, nuestros deseos se hacen realidad». Algo único del *negai* es que transmite la sensación de oración; el símbolo 願 sugiere inmediatamente la sensación de que estamos llamando con delicadeza a la puerta de la energía divina, enviando una petición para participar en un viaje de manifestación con los *kami*, la naturaleza, el universo y las personas que nos rodean. Se trata, pues, de una cocreación.

En comparación con *negai*, que significa «deseo», la palabra *yoku* (欲) significa «apetito», «ansia» o «codicia». En el contexto japonés, *negai* y *yoku* tienen vibraciones energéticas distintas. *Yoku* es uno de los componentes fundamentales de la enseñanza budista y del concepto de *bon nō* (煩悩), que significa «aflicción mental». Representa las causas del sufrimiento humano y un obstáculo para vivir en paz y armonía. Superar o aprender a gestionar nuestro *yoku* resulta fundamental para una vida plena.

El símbolo *kanji* de *yoku*, 欲, expresa una gran profundidad de significado. La parte izquierda, 谷, significa «valle» o la forma de una mella; la parte derecha, 欠, significa «carencia», «escasez», «ausencia». El símbolo combinado simboliza, por tanto, el concepto del deseo como representación de un estado de carencia o un recipiente sin llenar. Es este vacío el que desencadena el deseo de satisfacción, de forma parecida a como un estómago vacío crea un apetito que satisfacemos comiendo. *Yoku* indica el deseo o la necesidad de llenar lo que falta en la vida.

Al igual que el estómago acaba por vaciarse de nuevo, la satisfacción del deseo suele ser temporal, lo que conduce a un ciclo continuo de deseo y búsqueda. El carácter 欲 capta esta experiencia humana fundamental del anhelo y la búsqueda interminable de la satisfacción, que es siempre efímera.

Tener un deseo no tiene nada de malo. De hecho, no deberíamos negar nuestros deseos. Pero es fundamental que nos preguntemos por qué queremos cosas concretas o abundancia. Muchos nos olvidamos de cuestionar nuestros deseos y acabamos enzarzados en una persecución de metas interminable, lo que da como resultado los mismos sentimientos de vacío. Puede parecernos que manifestar alguno de nuestros deseos es la solución para acabar con nuestro sufrimiento. Y, ciertamente, nos sentiremos felices cuando obtengamos lo que deseamos y alcancemos nuestras metas; nuestro ego se sentirá atendido y satisfecho con ello. Pero, al igual que sucede cuando comemos chocolate al tener hambre, solo nos sentiremos satisfechos en ese momento y pronto volveremos a tener hambre. De la misma manera que el chocolate no es una comida sana que contenga diferentes nutrientes, la satisfacción que da conseguir nuestros deseos es temporal y nuestros sentimientos de infelicidad o carencia persistirán. Así que la persecución no acaba nunca, y siempre tenemos la sensación de que nos falta algo; el estado de plenitud se nos escapa.

Si bien tanto *negai* (願い) como *yoku* (欲) implican desear algo, *negai* se inclina más hacia la esperanza y las peticiones amables, mientras que *yoku* se centra en los deseos personales, la codicia y el ansia, y es causa de sufrimiento. *Negai* (deseo) proviene de un lugar luminoso, mientras que *yoku* (ansia) lo hace de un lugar lúgubre de nuestro interior. Nuestro viaje hacia la manifestación será diferente dependiendo del origen de nuestro objetivo: *negai* o *yoku*.

Cuando hablamos de manifestar algo desde un nivel más profundo, espiritual o aspiracional, puede ser no solo para nosotros mismos, sino también para los demás. En el idioma japonés, no existe el «yo» para quien expresa un deseo, aunque esté implícito, lo que provoca que esté menos implicado en la declaración. Esto crea ambigüedad, pero también confiere al deseo cierto poder, ya que no es solo el hablante quien está pidiendo el deseo, sino también otras personas, como amigos, colegas y antepasados; posiblemente todo el universo esté detrás de él. En el antiguo contexto japonés de la manifestación, que giraba en torno a una sociedad basada en la comunidad, la participación de los miembros de la familia y de la comunidad en general era un hecho.

Para un viaje de manifestación saludable, es importante asegurarse de que nuestros deseos son *negai* (desde un lugar de satisfacción) y no *yoku* (desde un lugar de carencia). Esto requiere que nuestro corazón, un contenedor de emociones y sentimientos, se llene de amor y gratitud. También requiere que cambiemos una mente inflexible por otra abierta que nos permita ver el mundo desde un ángulo diferente y descubrir el amor que hemos estado recibiendo y las cosas por las que estamos agradecidos. Expresar gratitud parece fácil, pero hacerlo de verdad requiere superar el sentimiento de carencia, así como las emociones negativas bloqueadas, la mentalidad victimista y juzgarse a uno mismo. Lo que deseas será la extensión de lo que ya tienes en tu corazón y en tu vibración. Por lo tanto, debes centrarte en la fuente, en las raíces de tu deseo; en alcanzar un lugar de plenitud.

Yoshuku nos embarca en un viaje de manifestación a través del aprecio y la gratitud junto con las personas que nos rodean. Al experimentar el sentimiento y la emoción de nuestro deseo (*negai*) en el momento presente, este se hará realidad en el mundo físico.

Ima

Ahora

CAPÍTULO 3

Por qué la celebración previa trae consigo la manifestación

Yoshuku es la práctica de combinar nuestros deseos (*negai*) con una oración de agradecimiento y un acto de celebración, como si nuestro deseo ya se hubiera materializado en el momento presente. A diferencia de una línea temporal de dos dimensiones, que da prioridad a una secuencia ordenada de acontecimientos, este planteamiento adopta el enfoque circular y cíclico del tiempo propio de la filosofía oriental.

Tanto si manifestamos nuestro deseo en la realidad física del futuro como si no, en este momento imaginamos que el estado del ser que deseamos ya está aquí y creamos una ceremonia para celebrarlo y expresar nuestra gratitud junto con las personas que nos rodean. Con independencia de que nuestro deseo se haga realidad físicamente, apreciamos el momento presente con nuestros seres queridos y, al hacerlo, manifestamos vibraciones de paz, alegría, felicidad y amor, creando estas emociones por medio de la celebración.

Herramientas como la visualización y la meditación tienen su valor, pero el *yoshuku* permite a nuestro cuerpo, alma y mente experimentar la sensación de nuestros deseos ahora mismo. Esto conducirá a su manifestación en nuestra realidad física, puesto que ya hemos creado lo que queremos manifestar en nuestro campo energético.

La manifestación empieza en nuestro mundo interior y sigue en el exterior

Quiero que hagas un experimento.

Cierra los ojos e imagina que te metes una rodaja de limón en la boca. ¿Sientes la acidez y su sensación? ¿Te empieza a salivar la boca?

A continuación, imagina que caminas descalzo por una bonita playa de arena, con el sol brillando encima de ti, una suave brisa soplando y la fragancia del mar en el aire. ¿Puedes sentir el calor y la sensación de calma y relajación?

Ahora, imagina que estás bajando una escalera y de repente te caes. ¿Sientes que tu cuerpo se tensa e incluso experimentas una sensación de dolor?

Estos escenarios ilustran cómo podemos crear sentimientos y emociones en nuestras mentes simplemente imaginando experiencias. Si queremos sentirnos de una manera determinada, podemos hacer que aparezca.

Solemos creer que, para sentir cierta emoción, necesitamos experimentar aquello que la provoca en el mundo real. Aunque es cierto que tendremos esa emoción cuando se produzca el suceso, también podemos experimentarla sin que ocurra nada en el mundo exterior, simplemente imaginándolo, como acabamos de hacer.

A la mayoría de nosotros se nos da bien preocuparnos; pensar en cosas que aún no han sucedido y crearnos una ansiedad y un miedo que pueden hacernos sufrir en el momento presente. Por supuesto, debemos utilizar los sentimientos de miedo y preocupación para llevar a cabo acciones útiles, como hacer planes para prevenir problemas y aumentar nuestra sensación de seguridad. Si utilizamos estratégicamente estos sentimientos, la adopción de medidas preventivas puede aliviar la ansiedad. Quizá sepas que los japoneses solemos ser reacios al riesgo y nos preocupamos con frecuencia, pero también destacamos por hacer una preparación y planificación meticulosas, lo que nos ayuda a reducir nuestras preocupaciones.

Todos conocemos ese sentimiento de ansiedad por algo que aún no ha ocurrido. Pero ¿y si anticipamos un suceso feliz? ¿Con qué frecuencia nos permitimos ilusionarnos con el futuro? Aunque puede que algo no suceda, también es posible que sí lo haga. Esperamos con ilusión cosas que estamos seguros de que ocurrirán, pero si están lejos en el tiempo, si tenemos dudas o si no podemos convencernos de que ocurrirán realmente, rehuimos los sentimientos de alegría y plenitud.

La idea de celebrar nuestro deseo por adelantado, o crear el sentimiento del deseo, puede ser nueva para muchas personas y resultarles difícil de entender. Pero si se comprende el mecanismo de nuestras mentes y cómo libera nuestro cerebro las sustancias químicas que están relacionadas con la emoción, tiene todo el sentido del mundo. Al fin y al cabo, anticipamos el futuro cuando nos preocupamos o hacemos un plan de emergencia. Al hacer lo mismo con nuestros deseos, mostrando gratitud y experimentando las emociones y los sentimientos asociados con ellos, creamos la energía que nos mueve hacia su materialización.

El presente marcará el futuro

Imaginemos que vivimos en la Antigüedad y estamos disfrutando de una cosecha abundante y de buena salud. Con una situación así, experimentamos alegría, plenitud y felicidad, así como el fortalecimiento de los vínculos con nuestra familia y comunidad. Y, lo que es más importante, nos sentimos agradecidos por las bendiciones que recibimos. En las ceremonias *yoshuku*, creamos esta experiencia con los miembros de la familia y la comunidad, y al hacerlo juntos, la vibración de nuestra energía se intensifica. Los sentimientos y las emociones permanecen más tiempo en nuestro mundo interior, en nuestro campo de energía y en nuestra memoria.

Después de las ceremonias, cada uno de nosotros acepta los sentimientos y las emociones que ha experimentado, conservándolos mientras trabaja para conseguir la buena cosecha que ya ha creado en su campo energético. Prestamos especial atención al cuidado de los cultivos. Los niños también quieren ayudar, lo que fomenta su cooperación. Aunque surjan tormentas o retos difíciles, las personas tienen fe y creen que se ayudarán mutuamente para superar cualquier obstáculo. La cosecha se producirá, ya que existe en el campo energético y en la conciencia de todo el mundo. Al adoptar una línea de tiempo circular, celebraremos año tras año ceremonias *yoshuku* para la cosecha, manteniendo los sentimientos y las emociones que provoca en nosotros una cosecha abundante.

Ahora volvamos a la vida actual e imaginemos lo que queremos manifestar. ¿Quizá una cantidad de dinero concreta o seguridad económica en general? Puede que estés asustado y ansioso por el dinero, creyendo que solo serás feliz y te librarás de tus preocupaciones cuando tengas una fuente de ingresos segura o cuando llegue dinero a tu cuenta bancaria. Así que cada mañana te levantas con miedo e intentas hacer todo lo posible para ganar dinero durante las próximas horas. Te sientes agotado y tu miedo no desaparece. Tu vibración y energía se reducen, y esto empieza a afectar a tu salud y a otros aspectos de tu vida. Gracias a tu duro trabajo, al final ganas el dinero que necesitas y te sientes aliviado durante un tiempo. Pero es posible que pronto te encuentres en la misma situación, con las preocupaciones económicas persiguiéndote constantemente. Puede que pienses: «Creía que me sentiría seguro cuando tuviera dinero, pero sigo sintiéndome igual de mal».

Si aplicamos el método *yoshuku*, nos preguntaremos cómo nos gustaría sentirnos cuando manifestemos ese dinero. Los sentimientos que deseas tener pueden incluir felicidad, seguridad o tranquilidad al saber que tu familia estará contenta.

En primer lugar, crea estos sentimientos en tu interior encontrando cosas que aprecies, como tu hogar o los vínculos que tienes con tu familia, y expresa gratitud desde el fondo de tu corazón; difunde a conciencia la sensación de seguridad y abundancia. Si te resulta difícil imaginar tales sentimientos, crea experiencias o imagina escenarios que provoquen estas emociones de agradecimiento. Puede ser algo tan sencillo como compartir una comida con tu familia y experimentar un sentimiento de aprecio, amor y abundancia. Haz un examen rápido de tu mente. Si tienes pensamientos negativos o críticos, o algún diálogo interior sobre otras personas o situaciones, escríbelo y apártalo de ti.

Después de experimentar estos sentimientos positivos de seguridad, protección, felicidad y auténtico aprecio, intenta revivirlos junto con la vibración de tu energía tan a menudo como te sea posible a lo largo del día.

Mientras tanto, dedica tiempo a trabajar en tu situación económica. Hazlo visible por escrito, detallando por qué quieres recibir ese dinero y cómo te gustaría gastarlo. Haz un plan estratégico de tareas para recibir el dinero y gestionar tus finanzas, completa una tarea cada día y mantente abierto a nuevas oportunidades.

Te sorprenderá descubrir cómo cambia tu mentalidad, lo que te permitirá trabajar y planificar desde un lugar de felicidad y que te dé menos miedo. Sentirte seguro y confiado en lo referente al dinero fomentará una relación positiva con él que irá en aumento. Esto me pasó a mí, así que hablo por experiencia.

Tiempo cíclico: Pasado, presente y futuro

Para entender el mecanismo del *yoshuku* y de la manifestación, es fundamental que prestemos atención al concepto de «tiempo» y a cómo nos relacionamos con el pasado, el presente y el futuro.

Si alguna vez has practicado yoga, meditación o budismo, sin duda habrás aprendido a «permanecer en el momento presente». Preguntémonos qué significa esto realmente. Centrarse de verdad en el momento presente significa permanecer presentes en un estado de nada, sin que nuestra mente se desvíe hacia pensamientos del pasado o del futuro. Se trata de entrenar a nuestra mente para que no divague. Cuando surge un pensamiento, lo reconoces junto con la emoción que lo acompaña, y luego vuelves al momento presente.

Cuando pensamos en lo que deseamos, o en lo que queremos conseguir, solemos centrarnos en el futuro. Sin embargo, la clave está en traer la energía de tales deseos al ahora.

En la sociedad actual, tendemos a pensar en el tiempo de forma lineal. Podemos ver las huellas y los pasos que dimos en el pasado, pero no vemos el futuro. A menudo volvemos a revivir experiencias pasadas y acudimos a lugares que nos resultan familiares, donde podemos convencernos de ciertas verdades sobre nosotros mismos y habitar en ellas. Mientras tanto, el futuro nos parece un gran desconocido. ¿Y qué pasa con el presente? La mayoría de las veces, nuestra atención no se encuentra plenamente en este momento, a menos que estemos inmersos en una actividad (incluso en una simple tarea cotidiana). El pasado, el presente y el futuro parecen estar separados, y tenemos que ir de un punto a otro de la línea temporal.

Cuando nos sentimos estresados o agobiados, el motivo suele ser que pensamos en el tiempo como si fuera una línea recta. En esos momentos, mientras dedicamos tiempo a las distintas tareas, resulta útil ver la vida como un ciclo y centrarnos en el presente, confiando en que todo se desarrolla a su debido tiempo. Esta perspectiva crea más espacio en nuestra mente en el momento presente, lo que nos permite centrarnos en nuestras tareas y no distraernos con el miedo a no poder acabarlas. Como resultado, es más probable que las llevemos a cabo más rápidamente y con una mayor calidad.

Pensemos en el cerezo, que florece de forma natural y nunca se le castiga por florecer tarde o por perderse una estación. Del mismo modo, cuando el sol sale más temprano a medida que se acerca el verano, nos adaptamos y nos levantamos también más temprano, y el mundo lo sigue en consecuencia. Al pasar de un sistema lineal a una perspectiva cíclica, aceptamos el flujo de la vida y encontramos la paz en el momento presente.

Mis padres siempre me recuerdan que, antes de que ocurra algo importante, las cosas suelen sufrir un bajón. En tiempos difíciles, se avecina un cambio y es señal de que todo va a cambiar. Es crucial recordar este ciclo y aprovechar los momentos de inactividad como oportunidades para reflexionar, sabiendo que preceden al amanecer de un nuevo comienzo para la manifestación.

Ki: más allá del tiempo y del espacio

Ki (気) es un término importante que representa la idea de una energía vital que existe dentro de todos nosotros. *Ki* es el subproducto de nuestros sentimientos y emociones, los cuales son aquello que emitimos al campo energético. En los antiguos rituales japoneses, tanto del sintoísmo como del budismo, cuidamos nuestro *ki*, nuestro campo de energía. En el sintoísmo, purificamos nuestro *ki* para conectar con la energía divina que nos rodea. Como sucede con las diferentes frecuencias de radio, estamos rodeados de frecuencias de energía: de amor, de paz, de miedo, de tristeza. Todas ellas existen a la vez en el presente, el pasado y el futuro. Puedes imaginar las diferentes ondas y vibraciones orbitando a nuestro alrededor. Si buscamos la energía del amor, y si encendemos este campo de energía y lo mantenemos, el futuro se formará con esta energía. De este modo, el momento presente crea el futuro, y nuestro *ki* se manifiesta como una fuerza que existe más allá del tiempo y el espacio.

También podemos utilizar este concepto para ayudar a sanar traumas y heridas del pasado en el momento presente. Los sucesos del pasado que conservamos en la memoria dan origen a determinadas emociones, y cada acontecimiento tiene sus aspectos positivos y negativos. Todos hemos experimentado, en un momento u otro, dolor y una profunda tristeza, pero aunque solemos centrarnos en el trauma, también podemos hacerlo en los momentos de alegría y amor, al mismo tiempo que reconocemos la angustia. Esta energía está dentro de nosotros y podemos sacarla a la superficie, haciendo real esa emoción en el momento presente y llevándola a nuestro futuro. Si nos centramos solo en la tristeza o la rabia, estas emociones definirán el mañana y el día siguiente, y el futuro se convertirá en el reflejo de nuestro mundo interior.

Podemos entrenar nuestra mente para que, de forma consciente, escoja estar en el momento presente, así como las emociones y sentimientos que tendremos a lo largo del día. Podemos hacer que este momento sea lo más agradable posible, y nuestro futuro vendrá solo. Está en nuestras manos. En el *yoshuku* ofrecemos una oración de agradecimiento para celebrar el resultado futuro, porque el futuro se nos da en el presente.

Chikra

Poder

CAPÍTULO 4

El poder del *yoshuku*

Hay una serie de conceptos japoneses que hacen más poderoso al *yoshuku*. Reflejan una sabiduría que se transmite de generación en generación y están profundamente arraigados en la cultura, la sociedad y la tradición japonesas. Sin embargo, creo que pueden aplicarse en cualquier contexto e incorporarse perfectamente al estilo de vida de cualquier persona, con independencia del país donde resida.

感謝

Kansha
El poder de la gratitud

Kansha significa «gratitud» en japonés. La gratitud abre la puerta a la felicidad. Cuando tenemos un sentimiento de auténtica gratitud, nuestros corazones se llenan de felicidad con amor, gracia, plenitud, paz y alegría. Manifestar nuestros deseos empieza por apreciar lo que ya tenemos. No se trata de encontrar la satisfacción consiguiendo lo que queremos, sino de llenar continuamente nuestro corazón de gratitud.

Las antiguas prácticas del *yoshuku* giran en torno a las oraciones colectivas de agradecimiento. Por medio de estos rituales, creamos recuerdos y vibraciones que están profundamente arraigados en nuestro interior. Las ceremonias *yoshuku* aprovechan la poderosa energía que se genera colectivamente en el momento presente y crean el futuro con ella. Repetimos estas prácticas en cada estación para asegurarnos de que el campo energético se mantiene poderoso.

Si te estás introduciendo en el budismo o el sintoísmo, puede que todo esto te parezca demasiado sencillo como para satisfacer tus ansias intelectuales, pero lo cierto es que resulta muy poderoso. Sentir agradecimiento desde el fondo del corazón no es nada fácil. La iluminación está aquí mismo, en este momento, cada vez que apreciamos de verdad nuestra existencia, nuestros antepasados y todo lo que nos rodea. Esto implica la purificación de nuestro mundo interior, dejar de criticar a los demás y renunciar a la ira y al resentimiento que hemos estado alimentando.

Puede que no estés contento con tu situación actual y quieras cambiar las cosas. Quizá no te gusta la ciudad en la que vives o las personas con las que trabajas. No podemos cambiar lo que preferimos, pero en lugar de centrarnos en lo que no nos gusta, podemos tomarnos unos minutos para reflexionar: odio esta situación, pero ¿qué estoy aprendiendo de ella?

Esto podría enseñarte algo que te sirviera en la siguiente etapa de tu vida. Cuando reconocemos lo que no nos gusta, podemos comprender mejor lo que sí nos gusta. Distinguir qué nos aleja de lo que queremos ser (o de cómo queremos serlo), nos permite alinear nuestro mundo interior con la frecuencia de lo que queremos ser.

Si nos aferramos al enfado durante mucho tiempo (sentimientos negativos hacia nuestros padres, por ejemplo, o nostalgia por ese amor que creemos que no recibimos de niños), estas emociones podrían quedarse atrapadas en nuestro subconsciente y en nuestro campo energético. Sin darnos cuenta, esta añoranza de amor y el enfado que la acompaña se manifestarán como una sensación de carencia en nuestras vidas. Sin embargo, si tomamos conciencia de nuestros patrones de pensamiento, podemos empezar a encontrar pequeñas cosas que apreciar, con independencia de nuestro pasado. A medida que reforcemos nuestro sentimiento de gratitud, como si encendiéramos la luz, el amor irá surgiendo de nuestro interior y nuestra vida empezará a evolucionar en todos los aspectos. Nuestro estado mental cambiará, nutriendo la tierra de nuestra existencia y transformándola de un lugar desolado a uno donde las semillas de nuestros sueños podrán crecer y dar lugar a bonitas flores; un lugar donde nuestros deseos podrán manifestarse sin ningún esfuerzo.

Oración, ofrendas y donativos

Como parte del *yoshuku*, pedimos nuestro deseo (*negai*) con una oración de agradecimiento y con ofrendas simbólicas, dando las gracias por adelantado a los *kami* (espíritus divinos) por el resultado. En las ceremonias y celebraciones del *yoshuku*, las ofrendas y la entrega de regalos simbolizan nuestra gratitud. La oración, las ofrendas simbólicas y los regalos son prácticas que dan más fuerza al agradecimiento e influyen poderosamente en nuestro *ki* (nuestra energía vital) al ayudar a reducir las emociones y los sentimientos negativos. Es como traer luz a la oscuridad.

Cuando visitamos un santuario sintoísta, participamos en un pequeño ritual de carácter físico consistente en oración, reverencia, juntar las manos, dar palmadas, tocar una campana, volver a inclinarnos y entregar monedas. El acto físico de coger una moneda de nuestro monedero y depositarla en una caja de ofrendas de madera, materializa la comunicación y la conexión entre los *kami* y nuestro mundo interior. Se trata de un ritual de iniciación para nuestro deseo que queda arraigado en nuestra vibración energética. Es como plantar la semilla de un árbol. La acción física parece sencilla, pero prepara nuestra mente y nuestro corazón para la manifestación.

El intercambio de regalos es otra de las bonitas costumbres que tenemos en Japón. Es un ritual que también sirve para expresar agradecimiento. En las ceremonias, a menudo se entrega un regalo con un delicado envoltorio. En algunas celebraciones, la etiqueta dicta que hay que ofrecer dinero, en forma de billetes recién impresos y envueltos en un papel blanco decorado con *mizuhiki*, un nudo especial que representa la energía armonizadora. El hecho de envolver un regalo tiene un gran significado, ya que no solo se entrega un regalo físico, sino que también se ofrece la energía del amor y la gratitud, estrechando el vínculo entre quien lo da y quien lo recibe.

運気

Unki
El poder de fluir

En Japón somos conscientes de que hay fuerzas invisibles en el universo que influyen en nuestras vidas. Con independencia de quiénes seamos y dónde estemos, todos tenemos la capacidad de aumentar nuestra frecuencia energética, alineándonos con las frecuencias superiores del amor, la prosperidad, la felicidad y la paz. Pero también puede ocurrir lo contrario: podemos bajar nuestra frecuencia energética experimentando emociones como el odio, el miedo, la ira y los celos, que pueden conducirnos a experiencias vitales perjudiciales.

Durante generaciones nos han enseñado a respetar nuestra coexistencia con la naturaleza. Creemos que cuanto más armoniosa sea nuestra energía vital en relación con la naturaleza y el universo, más se orientará nuestra vida hacia circunstancias, eventos y resultados favorables.

El símbolo de *un*, 運, significa «transferencia», «movimiento», «llevar», así como «destino» o «suerte». Como ya sabes, *ki*, 気, es la energía vital que fluye por el universo y por todos los seres vivos. Juntos, dan lugar a *unki*, que representa el flujo y el estado de nuestra propia energía vital o dirección espiritual.

El flujo de *ki* influye en lo que atraemos y recibimos. Cuando nuestro *unki* está alto, disfrutamos de circunstancias, sucesos y resultados favorables. Cuando nuestro *unki* está bajo, nos enfrentamos a momentos difíciles. Nuestra vida es un ciclo y pasamos tanto por situaciones favorables como desfavorables.

Nuestro *unki* está influido tanto por la energía de nuestro mundo interior como del mundo exterior. Cuando nuestro *unki* está alto (lo que significa que estamos inmersos en un flujo de energía divina y encontraremos un resultado favorable), podemos recibir una serie de manifestaciones; no una sola cosa, sino una mejora general en nuestra vida. Cuando nuestro *unki* no funciona, podemos escoger dos caminos. En el primero, entramos en piloto automático y nos dejamos llevar por el miedo, el estrés y la ansiedad; de este modo, caemos en una mentalidad victimista, culpando de todo al mundo exterior y perpetuando el ciclo negativo de nuestro *unki*. En el segundo camino, observamos la situación a pesar de nuestro miedo y ansiedad, y recuperamos nuestro poder, evaluando tanto nuestro mundo interior como el exterior, y haciendo los cambios necesarios para aumentar nuestro *unki*.

Manifestar no consiste solo en desear y esperar. Una vez nos encontramos en la vibración de lo que nos gustaría que sucediera, debemos hacer elecciones todos los días y llevar a cabo acciones diarias para permanecer en esa vibración.

Una clave de la práctica del *yoshuku* está en aumentar la conciencia de nuestras acciones diarias y así influir en nuestro *unki*. El *yoshuku* se centra en la calibración de nuestro *unki* a través de la apreciación, para mejorar de este modo nuestra vida de forma integral.

En
El poder de la conexión

Me gustaría destacar el término *en* (縁), que representa la conexión espiritual. Se cree que este concepto influye en el flujo de *unki* y en nuestro viaje hacia la manifestación.

La palabra *en* suele ir acompañada del prefijo *go*, convirtiéndose en *go-en*. Representa una conexión espiritual, mística, muy respetada en la cultura japonesa y vista como un encuentro guiado por el universo o la energía divina y, por tanto, más allá de nuestro control o comprensión. Este encuentro, a menudo inesperado, puede implicar a una persona o un lugar, y se siente de forma intuitiva, sugiriendo que algo está a punto de manifestarse. Está relacionado con el «destino» o la «serendipia», es decir, con la idea de que ese encuentro estaba destinado a producirse.

Cuando conocemos a alguien por primera vez y tenemos una sensación de conexión, o cuando nos encontramos en un lugar o país donde experimentamos un inexplicable sentimiento de pertenencia, el *go-en* sugiere que estamos conectados a esa persona o lugar por medio de un hilo invisible.

Esta conexión es como una semilla. Cuando la recibimos, depende de nosotros reconocer que es una semilla y luego cuidarla, regarla y dejarla crecer y florecer sin grandes expectativas. El viaje que implica nutrir esta semilla resulta gratificante, con independencia de que acabe germinando o no, ya que aporta una nueva dimensión a nuestra vida.

Creemos que estas conexiones nos llegan no por nuestros propios intereses o intenciones, sino por una fuerza invisible: el universo o la energía divina. Puede que no entendamos por qué hemos conocido a esa persona o cómo se desarrollará la relación, pero debemos prestarle especial atención y expresar gratitud por habernos reunido.

También se entiende que trae consigo una lección de vida, que nos está guiando por un camino de manifestación y debemos estar atentos. Gracias al encuentro con una persona o situación, conseguimos crecer. Puede que esta conexión solo traiga resultados o manifestaciones favorables a nuestra vida, pero también puede acarrear desafíos. Ya sea positivo o negativo, si *en* (el encuentro y la conexión) resulta impactante en nuestra vida, debemos tomarnos el tiempo necesario para comprenderlo. Al ser conscientes de la lección, la superamos y evolucionamos como personas.

Otro concepto importante es el de *engi* (縁起), que combina los símbolos de «conexión espiritual, mística» y «ocurrir». El *engi* tiene su origen en las enseñanzas fundamentales del budismo: que nuestra existencia está regida por poderes, fuerzas y bendiciones desconocidas. El *engi* son las acciones y los sucesos de nuestra vida que desempeñan un papel clave a la hora de guiarnos hacia nuestros deseos y manifestaciones, pues nos ayudan a sintonizarnos con la energía divina. En esencia, el *engi* actúa como facilitador, dirigiendo nuestra energía hacia el camino ideal y permitiéndonos fluir en armonía con las fuerzas del universo. Actúa como un agente de apoyo para aumentar nuestro *unki*.

Por medio de *en* y *engi*, en lugar de centrarse en un solo evento para la manifestación, el método japonés subraya la sintonía con todo el flujo de energía.

Kotodama
El poder de las palabras

Koto, 言, es el símbolo *kanji* para «decir» y *dama*, 霊, significa «espíritu». Así pues, *kotodama* sería «el espíritu que llevan las palabras», es decir, el poder de las palabras.

Como ya he comentado, el sintoísmo tiene la creencia de que todas las cosas del mundo exterior, tanto animadas como inanimadas, tienen su espíritu. Nuestras palabras no son una excepción y eso las hace increíblemente poderosas. Lo que decimos tiene un significado inmenso y crea vibraciones y energía.

Nuestras palabras influyen en nosotros mismos y en los demás. Desde tiempos ancestrales, nuestros antepasados han tenido mucho cuidado con las palabras que utilizaban, sobre todo en las ceremonias. Por ejemplo, durante las ceremonias nupciales sigue siendo habitual en Japón evitar ciertas palabras, como «cortar» o «romper», ya que queremos respetar y proteger la unión sagrada de la pareja. En su lugar, colmamos a la pareja con palabras que representan la felicidad, la dicha, el amor y la celebración. En las ceremonias y festivales *yoshuku*, utilizamos el *kotodama*, el poder de las palabras, para aumentar la vibración de la persona que habla y de quienes nos rodean.

Una de las prácticas fundamentales del sintoísmo es la purificación, la cual ayuda a mantener la vibración de nuestra energía vital o *ki*. La purificación implica no solo limpiar nuestro entorno y mantener una buena higiene personal, sino también purificar nuestro campo energético. Esto incluye abstenerse de utilizar palabras que hieran a los demás, hablar mal de otros y cotillear. El uso que hacemos de nuestras palabras refleja nuestro mundo interior y, por tanto, da forma a nuestro mundo exterior. Nuestros pensamientos y nuestra forma de pensar y de expresarnos afectan profundamente a nuestro campo energético y a nuestra capacidad de manifestar lo que deseamos.

En nuestra vida cotidiana, es fácil utilizar de forma inconsciente palabras y frases que afectan negativamente a nuestra vibración y energía; palabras malsonantes o hirientes, así como expresiones negativas que afectan a otras personas. *Kotodama* nos anima a utilizar palabras edificantes y un lenguaje positivo. Al apreciar la belleza y la energía divina de las palabras, podemos cuidar nuestra forma de hablar. Todos podemos entrenar la mente para escoger las palabras de forma consciente y elaborar frases con un mensaje positivo. Del mismo modo que cuidamos nuestra salud siguiendo una buena dieta y evitando la comida basura, también deberíamos ser conscientes de con qué alimentamos nuestra mente, controlando los patrones de pensamiento a lo largo del día y nutriendo la mente con palabras virtuosas.

Podemos utilizar el poder de las palabras para crear una vida bella y un mundo en paz.

Sōzō
El poder de la imaginación y la creación

La palabra japonesa *sōzō* puede representarse de dos formas distintas con caracteres *kanji*, y con dos significados diferentes: 1) 想像, que significa «imaginación»; 2) 創造, que significa «creación». Por el contexto de la frase, entendemos si se refiere a la imaginación o a la creación. Desde el punto de vista de la manifestación, es especialmente interesante, ya que ambas son necesarias para manifestarse.

Para que algo pueda manifestarse en la realidad física tenemos que crearlo, y todo empieza en la imaginación. Es una experiencia poderosa imaginar algo sin tener ninguna expectativa, sin ningún apego a un resultado. Pero si queremos hacer realidad lo que imaginamos, tenemos que llevar nuestra imaginación hasta el acto físico de la creación: de un lugar de ser a un lugar de hacer.

Las ceremonias *yoshuku* de gratitud se actualizan con la fuerza de la imaginación y la creación. Utilizamos el poder de nuestra imaginación sin límites para crear sentimientos de gratitud y las condiciones para la manifestación. El proceso del *yoshuku* está en el poder de la imaginación.

仲間

Nakama
El poder de compartir

Nakama (仲間) es un término japonés que designa a un grupo de personas que comparten el mismo propósito, visión e interés, y que crean fuertes vínculos de lealtad entre sí, con respeto y apoyo mutuos. Es diferente a la amistad, aunque los amigos también pueden ser *nakama*. También difiere de los grupos que proporcionan un fuerte sentimiento de identidad, autoestima o posición social simplemente por pertenecer a ellos. *Nakama* representa una conexión más profunda, un vínculo puro y auténtico establecido a través de un mismo propósito. La palabra más parecida sería «camarada».

El *nakama* puede crearse durante un breve periodo de tiempo o durar toda la vida. Puede formarse participando en los mismos proyectos, estudios, negocios o actividades, tales como deportes, arte, música, danza, cultura, desarrollo personal o voluntariado. Hoy en día, podemos formar *nakama* a partir de una comunidad online de confianza que comparta con nosotros los mismos intereses.

En la sociedad japonesa valoramos el sentido de pertenencia a un grupo y lo nutrimos cuando formamos parte de él. La lealtad y el apoyo que se establecen en estas relaciones son muy profundos. Me gusta crear este sentimiento de *nakama* entre mis clientes, estudiantes y seguidores, y también en las comunidades a las que pertenezco. Pero ¿por qué es importante el *nakama* en el *yoshuku*?

Entre los *nakama* compartimos propósitos u objetivos más concretos. Damos voz a los sueños comunes, expresamos nuestra gratitud, compartimos risas y alegrías, quizá disfrutamos de comidas especiales. Podemos crear un *yoshuku* único, nuestra particular oración de agradecimiento, para celebrar nuestro propósito durante las actividades compartidas o reuniones informales. Vivir juntos estas experiencias tiene un impacto fortalecedor en nuestro campo energético e intensifica su vibración, lo que luego se refleja en el mundo exterior. Los *nakama* se apoyan mutuamente, potenciando a su vez nuestras respectivas manifestaciones a través de fuerzas visibles e invisibles. Este es un elemento clave de la manifestación.

Resulta especialmente poderoso cuando los *nakama* también se convierten en amigos. Los *nakama* son aquellas personas con las que podemos compartir nuestras aspiraciones y así fortalecer colectivamente nuestra energía y vibración. Tener un grupo de apoyo en nuestro viaje vital es crucial, pues aporta más alegría y amor a nuestra existencia. Es maravilloso pertenecer a un grupo y poder manifestar juntos nuestra visión, nuestro sueño, y hacer crecer el sentimiento de comunidad. A veces podemos necesitar «graduarnos» de un *nakama* concreto para pasar a la siguiente fase de nuestra vida. Pero este vínculo, el amoroso abrazo de nuestro corazón, permanecerá con nosotros aunque sigamos adelante o tomemos un camino diferente.

行事食

Gyōjishoku
El poder de los alimentos simbólicos

En el *yoshuku* celebramos juntos lo que deseamos que se manifieste. Un aspecto poderoso de esta celebración es el ritual de comer *gyōjishoku*; alimentos que, a la vez, son de la buena fortuna y símbolos de la estación del año, la esencia de la celebración y nuestros deseos. Las celebraciones tradicionales japonesas del *yoshuku* tienen un profundo impacto en nuestras vidas porque involucran nuestros cinco sentidos: vista, oído, gusto, olfato y tacto. Entre ellos, el olfato y el gusto son los más poderosos, ya que pueden traernos recuerdos muy vívidos de nuestras primeras experiencias.

Comer juntos, compartir la alegría de una comida, crea una experiencia física y emocional que aumenta nuestro *ki* o energía vital. Cada alimento simboliza nuestros deseos o *negai*, como la prosperidad, la salud, la longevidad y el amor. Cuando tomamos estos alimentos simbólicos en un ambiente festivo con la familia, amigos y *nakama*, se convierte en un ritual y un poderoso recordatorio de que nuestros deseos ya están presentes. En nuestro campo energético, el tiempo es irrelevante: experimentamos la manifestación de nuestros deseos mientras comemos. Del mismo modo que visualizar un limón puede evocar su sabor y acidez como si lo estuviéramos comiendo, ingerir estos alimentos simbólicos ayuda a anclar nuestros deseos en la realidad.

En la cultura japonesa, los *gyōjishoku* (行事食) son comidas ceremoniales que se comparten con la familia, los amigos y la comunidad durante momentos valiosos o cambios de estación. El *gyōjishoku* no solo honra la estación en la que nos encontramos, sino que también ayuda a propiciar nuestra buena suerte (*engi*) y nuestro *unki*, el flujo de la energía vital. Arraigado en la cultura, las tradiciones y las costumbres japonesas, y con conexiones con el sintoísmo y el budismo, compartir los alimentos es un momento de alegría que estrecha los vínculos familiares y comunitarios. Su belleza reside en la creación de recuerdos valiosos a través de nuestros sentidos, mediante una presentación exquisita y el aroma y el sabor de la comida.

癒し

Iyashi
El poder de la sanación

En el camino hacia la superación personal y la sanación de traumas, es necesario analizar aquello que reside en nuestra mente subconsciente, esos programas en piloto automático que controlan nuestros patrones de pensamiento y nuestras percepciones del mundo y de nosotros mismos. A menudo, cuanto más buscamos la raíz de los sentimientos o las creencias negativas que tenemos sobre nosotros mismos, más compleja y confusa se vuelve, haciéndonos sentir que la sanación es cada vez más difícil.

El concepto japonés de sanación, *iyashi*, se refiere a una bendición que llega de forma serena: un momento en el que una hermosa luz entra en nuestras vidas. Puede surgir en cualquier momento, incluso en las profundidades del dolor o en el abismo del sufrimiento, siempre que nos abramos a ella.

Todo el mundo ha experimentado el amor y la compasión. No me refiero al amor romántico, sino al amor incondicional lleno de generosidad y cariño: el amor de padres, abuelos, familiares, compañeros y amigos. Este amor no tiene límites. Tanto si damos como si recibimos este tipo de amor, podemos escoger si expandimos el campo de luz y amor, o si vivimos en la oscuridad. Podemos sintonizar con esta energía amorosa y volver a ella en cualquier momento, igual que volvemos a nuestros libros y películas favoritos, para revivir los maravillosos sentimientos que nos provocan y así aumentar nuestras experiencias de luz y amor.

Yoshuku aporta el poder sanador en nuestro viaje hacia la manifestación, al crear experiencias alegres y amorosas que compartimos con familia y amigos. Celebrar a través del aprecio y la gratitud genera altas vibraciones, atrayendo amor en lugar de miedo, y luz en lugar de oscuridad. Esta práctica crea un regalo no solo en el reino físico, sino también en nuestro campo energético. La sanación lleva tiempo y a menudo se centra en el exterior. Sin embargo, la sanación *iyashi* puede producirse aquí y ahora. Empieza en cuanto tomamos el control de los programas en piloto automático que dirigen nuestra mente y nos liberamos de patrones arraigados. Es como encender una luz en la oscuridad. No podemos eliminar la noche, pero sí podemos aceptar nuestro lado oscuro mientras le aportamos luz. Lo que importa es cuánto podemos mejorar nuestra capacidad para encender la luz cuando la oscuridad es total, es decir, nuestra capacidad para volver al amor y la alegría que ya hemos experimentado.

Cuando me enfrento a tiempos difíciles o siento que mi *unki* se enzarza en una espiral de sufrimiento, activo mi interruptor de la luz. Aprovecho la energía del amor y recurro a mis recuerdos con los cinco sentidos. Miro fotos, ingiero alimentos que significan algo para mí y me rodeo de ciertos objetos para traer a mi mente recuerdos con todo detalle. Este proceso me guía hacia una hermosa dimensión de amor, plenitud, gratitud, prosperidad y abundancia, y me ayuda a alejarme del sufrimiento y de la energía de baja frecuencia. En lugar de sentirme una víctima, doy las gracias por mi existencia y me recuerdo a mí misma el amor que me rodea, con independencia de la situación. Utilizar esta energía me brinda poder y me permite volver al camino de mi elección y continuar mi viaje de manifestación.

PARTE 2
La práctica del *yoshuku*

Lo que cultivamos lo manifestamos

En esta sección exploraremos la aplicación práctica del *yoshuku*, el arte japonés de la manifestación. Este enfoque holístico no consiste únicamente en alcanzar objetivos o deseos concretos, sino en sanar y transformar toda nuestra vida, aportando paz, amor y plenitud al tiempo que se manifiestan nuestros mayores deseos.

Mi objetivo es guiarte para que conviertas tus conocimientos de la antigua sabiduría japonesa en una experiencia personal, creando prácticas que puedas incluir en tu vida diaria.

El arte japonés de la manifestación es algo más que visualizar y desear lo que queremos. La manifestación empieza en el momento presente, conectando nuestro pasado, presente y futuro, llenando nuestros corazones de aprecio, paz y amor. Creamos un terreno fértil para manifestar con gracia nuestros deseos y sueños. Este viaje requiere práctica diaria y esfuerzo, por lo que con el tiempo se convierte en todo un estilo de vida. La verdadera manifestación y transformación empieza en el interior, y aumenta continuamente nuestra energía vital.

Imaginemos un cerezo en flor, como aquellos de los que el monje habló a mi familia durante el tifón. Este árbol sobrevivió a un clima duro y desafiante que le hizo crecer más fuerte, produciendo a su vez abundantes y delicadas flores en primavera. Pero esa fuerza también dependió de la nutrición que había recibido como semilla. Primero, la tierra debió ser fértil para que la semilla creciera; después, el árbol necesitó alimento y cuidados constantes para que las raíces se volvieran sanas y fuertes, lo que le permitió soportar unas condiciones tan duras; al hacerlo, el árbol encarnó un espíritu vigorizado y un poder divino, lo que dio como resultado sus hermosas flores. Estas flores representan nuestros deseos (nuestros *negai*) manifestándose. Al cuidar del árbol, nos aseguramos de que prospere en todas las condiciones y de que florezca con abundancia. Del mismo modo, lo que cultivamos en nuestro interior se manifestará como nuestra realidad.

Crea tu propio *yoshuku*

Podemos crear nuestro propio *yoshuku*, el cual esté inspirado en las tradiciones japonesas pero adaptado al estilo de vida actual por medio de mis aplicaciones prácticas. Este método evolucionó con toda naturalidad en mi propia vida y provocó en mí una transformación que podría considerarse milagrosa. He reinterpretado lo que he aprendido y experimentado para sintetizar los principios del *yoshuku*, guiándote paso a paso para que los apliques en tu viaje hacia la manifestación de tus deseos. Aunque esté arraigado en la cultura japonesa, la esencia de su sabiduría es universal, y podrías encontrar semejanzas con tus propios rituales espirituales.

En todo momento, volveré a la metáfora del cerezo:

Vida = árbol
Deseo = crecimiento

Espero que disfrutes con este proceso creativo.

Esquema del proceso *yoshuku*

Paso 1: Planta la semilla de tu deseo: escoge la flor que deseas ver.

Paso 2: Prepara tu mente: cultiva un terreno fértil.

Paso 3: Planifica y crea tus celebraciones del *yoshuku*.

1. Invita a tu familia, amigos, seres queridos o *nakama*.
2. Elige un tema relacionado con la estación del año.
3. Celebra el resultado que deseas en el momento presente.
4. Experimenta la flor que quieres ver, es decir, el resultado que deseas materializar, con tus cinco sentidos por medio de alimentos y bebidas propios de la estación, la naturaleza, las fragancias y la música.

Paso 4: Rituales diarios: cuida el árbol a diario para que florezca.

Paso 5: Honrar el viaje: ceremonia de agradecimiento.

Antes de empezar

El *yoshuku* se basa en la idea de que el tiempo es cíclico, como las estaciones del año o la alternancia del día y la noche. El flujo de energía es continuo. Al igual que la energía de los sucesos del pasado influye en el momento presente, la energía del momento presente moldea el futuro.

Siempre imagino que hay diferentes capas de vibración orbitando a nuestro alrededor. Nosotros estamos en el centro y podemos acceder a cualquier capa en cualquier momento. Si hemos vivido una experiencia alegre y amorosa, podemos recordarla y sentirla de nuevo en el presente, del mismo modo que podemos recordar sucesos tristes o traumáticos. Cualquier cosa que nos haya afectado a nivel de sentimientos y emociones, podemos volver a vivirla en la mente. También podemos proyectar esos sentimientos hacia el futuro. Es como una biblioteca: podemos escoger qué historia queremos que entre en nuestra vida.

Si pensamos en el tiempo de forma puramente lineal, nuestro futuro, incluso mañana, será como un televisor apagado. No podremos ver nada. Sin embargo, podemos encenderlo; la transmisión está ahí, solo tenemos que encontrar el canal adecuado. Al igual que la señal de televisión existe más allá de lo que vemos en la pantalla, el campo de energía trasciende nuestra línea temporal: la misma vibración de energía existe a la vez en el pasado, el presente y el futuro. Si creamos ahora la energía de la abundancia y la prosperidad, la sentiremos en el futuro, y esto dará forma a nuestra realidad. Del mismo modo que la energía del pasado ha perdurado en el presente (está ahí cuando la buscas), permanecerá en el futuro si la conservamos. Podemos llenar ahora mismo nuestro interior de los sentimientos que van aparejados a nuestros sueños y deseos, y así crear esa capa de vibración para el futuro.

A menudo nos centramos en sentimientos y emociones del pasado, en energía que ya hemos creado, y como nos resulta familiar, tendemos a permanecer en ella. Sin embargo, podemos cambiar este patrón y desarrollar un nuevo hábito de creación de energía. En el *yoshuku*, a través de un proceso de celebración previa y personal, generamos los sentimientos y las emociones de nuestro deseo, nuestro *negai*, expresando el agradecimiento. Los rituales estacionales del *yoshuku* que se practican en Japón se repiten cada año, activando y manteniendo esta vibración de forma continua en nuestro campo energético.

Acepta tu viaje

Veo la ceremonia del *yoshuku* como una iniciación; una promesa de recorrer con gratitud el camino que hemos escogido.

Si bien es cierto que buscamos que nuestros deseos se hagan realidad, el *yoshuku* nos hace conscientes de que la felicidad puede alcanzarse en el presente sin que se haya manifestado. A menudo, nuestra motivación surge de un sentimiento de carencia y desesperación, así que es fundamental que evaluemos con detenimiento nuestros objetivos, deseos y anhelos. Cambiar una mentalidad de escasez por otra de agradecimiento es vital en el proceso de manifestación. Debemos asegurarnos de que en nuestro corazón no hay vacíos que tengamos la necesidad constante de llenar. Al igual que en la ceremonia japonesa del té, «El Camino del Té», en el que el viaje es la recompensa y el auténtico valor reside en participar en la ceremonia, podemos considerar el viaje hacia la consecución de nuestros objetivos y la manifestación de nuestros deseos como una ceremonia continua. El *yoshuku* no es un acto aislado, sino que su valor reside en la práctica diaria.

Todos tenemos deseos y objetivos concretos. La clave para manifestarlos está en convertirnos en la persona que encarna tales objetivos. El resultado (si hacemos realidad nuestro deseo o logramos nuestro objetivo en un plazo determinado) no es lo más importante. Lo que de verdad importa es el viaje en sí, es decir, los cambios que hacemos en nuestra vida desde el momento en que fijamos nuestro objetivo o deseo hasta las acciones diarias que emprendemos y la persona en la que nos convertimos por el camino.

Por ejemplo, si quieres ser un escritor cuya obra sea publicada, reserva un tiempo cada día para disfrutar escribiendo. Si aspiras a ser artista, crea arte a diario. Si te esfuerzas por superar una enfermedad, procúrate momentos de paz día tras día. Si tu objetivo es ganar una determinada cantidad de dinero, siente la abundancia en el momento presente apreciando lo que ya tienes. Al comprometernos con el proceso, encontramos la alegría en lo que estamos haciendo y nos convertimos en la persona que aspiramos a ser incluso antes de alcanzar nuestro objetivo. El momento en que logramos un objetivo o manifestamos un deseo nos provoca emoción y alegría, pero es temporal. Cuando nos damos cuenta de que el momento de la manifestación es ahora, podemos sentirnos realizados durante el viaje. De este modo, nuestra vida se transforma mientras recorremos el camino.

El propio viaje es la manifestación.

Hana

Flor

PASO 1:

Planta la semilla de tu deseo

Selecciona la flor que deseas ver

Las preguntas que utilizamos para conocernos a nosotros mismos son herramientas poderosas que pueden revelar qué hay en las profundidades de nuestra mente. Yo las empleo tanto a nivel personal como profesional, especialmente cuando trabajo con clientes, para ayudarles a superar bloqueos internos y alinearse con la energía del resultado que desean materializar. En este ejercicio, te guiaré a través de una serie de preguntas que han sido diseñadas para ayudarte a esclarecer, imaginar y dar forma a tu deseo. Experimentarás este deseo en el momento presente, como si ya se hubiera manifestado, lo que cambiará tu mentalidad y preparará un terreno fértil para que tome forma y florezca, invitando a la energía a entrar en tu vida ahora mismo.

El método

En los ejercicios que aparecen a continuación encontrarás dos grupos de preguntas. El primero va seguido de respuestas que utilizan la metáfora del cerezo y su floración. Al imaginar tu deseo de esta manera, podrás indagar en lo que el árbol necesita para prosperar, los retos a los que puede enfrentarse y cómo se siente cuando ha florecido. Manifestar o alimentar un deseo es como alentar a un árbol a que florezca. Al igual que una flor necesita las condiciones adecuadas, así como cuidados y paciencia para florecer, un deseo también necesita atención, confianza y perseverancia.

Una vez hayas completado la primera serie de preguntas, el segundo grupo te invita a sustituir la flor por tu deseo y establece una relación más práctica con tu vida. Cuando hayas concretado tu deseo, podrás empezar la celebración del *yoshuku* en el siguiente paso. Es importante que escribas tus respuestas. Puedes hacerlo en un papel o digitalmente.

Observa las emociones que experimentas mientras escribes las respuestas. Observa cómo influyen las imágenes en tu mundo interior y comprueba si puedes sentir la presencia de la flor que deseas ver. Intenta sintonizar con las sensaciones que tienes en el momento presente.

Ejercicio 1: La floración

P: ¿Qué flor te gustaría ver en el árbol?

R: Me gustaría ver cerezos en flor (*sakura*), símbolo de belleza y renovación.

P: ¿Puedes describirla?

R: La flor del cerezo tiene unos pétalos de color claro con bordes ligeramente ondulados. Se agrupa en racimos de delicadas flores de tono rosado.

P: ¿Cómo la sientes al tacto?

R: Los pétalos son aterciopelados y delicados como la seda, con una textura suave y fresca.

P: ¿Qué tipo de aroma tiene?

R: Tiene una fragancia suave y delicada, con notas florales y un sutil toque frutal.

P: ¿Con qué sabor se relaciona?

R: Las flores de cerezo se relacionan con una delicada esencia afrutada.

P: ¿Cómo te gustaría disfrutarlo cuando florezca?

R: Me gustaría disfrutarlo bajo los cerezos en flor, empapándome de su delicada belleza.

P: ¿Con quién te gustaría disfrutarlo?

R: Me gustaría disfrutarlo con toda mi familia, así como con mis amigos y los *nakama* con los que comparto mi propósito de vida.

P: ¿Qué sientes cuando ves florecer el árbol?

R: Ver los cerezos en flor me conecta con el pasado, el presente y el futuro, y me hace sentir asombro, tranquilidad y un profundo aprecio por la fugacidad de la belleza.

P: ¿Cuándo crees que lo verás?

R: Entre finales de marzo y principios de abril, dependiendo de la ubicación y el clima.

P: ¿Qué se necesita para ver su floración?

R: Paciencia, flexibilidad y aprecio. Necesitamos paciencia y flexibilidad para esperar el tiempo adecuado para que aparezcan las flores. Tenemos que averiguar dónde será más abundante la floración.

P: ¿Qué tipo de suelo y entorno necesita para florecer?

R: Los cerezos crecen bien en suelos bien drenados, ricos en materia orgánica y bien expuestos a la luz solar. El árbol debe plantarse en un parque o jardín, con mucho espacio para desarrollarse.

P: ¿Puedes ver ahora la belleza del árbol, incluso sin sus flores?
R: Sí.

P: ¿Qué tiene de bonito el árbol?
R: La energía que nos aporta. Las hojas crean bonitas sombras.

P: ¿Qué aprecias del árbol?
R: Me da fuerza y sensación de vida.

P: ¿Qué tipo de retos encuentras mientras esperas a que el árbol florezca?
R: La capacidad de ver la belleza del árbol y de apreciarlo y amarlo incluso sin sus flores.

P: ¿Tienes dudas o miedos sobre cómo se desarrollan las flores? En caso afirmativo, ¿cuáles son?
R: Creo que serán preciosas, pero tengo dudas sobre si a mi pareja le gustarán y las disfrutará conmigo.

P: ¿Qué tipo de acción diaria hay que llevar a cabo para que las flores se abran?
R: Disfrutar del árbol tal y como es, apreciando cada una de sus partes y asegurándonos de que esté sano y no sufra.

Ejercicio 2: Tu deseo (*negai*)

Ahora es el momento de responder al mismo tipo de preguntas para tu propia vida, sustituyendo la flor por tu deseo: tu *negai*.
P: ¿Qué deseo te gustaría ver/manifestar en tu vida?
P: ¿Puedes describirlo (color, forma, etc.)?

P: ¿Qué sientes al tacto?
P: ¿Qué tipo de aroma representa mejor tu deseo?
P: ¿Qué sabor lo representa mejor?
P: ¿Qué sientes cuando lo ves en tu vida?
P: ¿Cómo te gustaría disfrutarlo cuando lo manifiestes?
P: ¿Con quién te gustaría disfrutarlo?
P: ¿Cuándo crees que podrás verlo/manifestarlo?
P: ¿Qué necesitas para manifestar tu deseo?
P: ¿Qué tipo de entorno necesita tu deseo para manifestarse?
P: ¿Puedes ver ahora la belleza de la vida, incluso sin ella?
P: ¿Qué hay de hermoso en tu vida en el momento presente?
P: ¿Qué aprecias de tu vida?
P: ¿A qué tipo de retos te enfrentas a la hora de manifestar tu deseo?
P: ¿Tienes dudas o miedos de que tu deseo se manifieste? Si es así, ¿cuáles son?
P: ¿Qué tipo de acción diaria debes llevar a cabo para que tu deseo se manifieste?

Puedes utilizar estas preguntas y sus respuestas para hacer tu deseo más visceral y tratar de encarnar el sentimiento de tu *negai*. Utilizando elementos sensoriales, como el color y el olor, para simbolizarlo, encontrarás formas de mantenerlo contigo a diario.

Es normal tener miedo y dudas al formular un deseo o empezar algo nuevo, y es importante que no ignores tales sentimientos. Al contrario, acéptalos y reconócelos mientras escribes tus respuestas. Al aceptarlos podrás apreciar mejor el momento presente y transformar la energía del miedo en valentía.

Sodatsu
Crecimiento

PASO 2:

Preparación mental

Cultivar un terreno fértil

Cuando nos proponemos transformar nuestra vida manifestando nuestros deseos, lo más probable es que nos encontremos en una situación que queremos mejorar o que estemos afrontando retos o tiempos difíciles. Si creemos que estamos metidos en un ciclo negativo, podemos perder el rumbo en el viaje de la manifestación. Para realinearnos con el estado del ser que deseamos, es fundamental que sintonicemos con una vibración más alta. Como primer paso antes de llevar a cabo prácticas de manifestación como la meditación, la visualización o la afirmación, es crucial cambiar nuestra mentalidad a través de la observación, la reflexión y la comprensión de lo que tenemos en la mente subconsciente para así crear un terreno fértil donde prosperen nuestros deseos.

Cambia de mentalidad

Aunque parezca sencillo dar las gracias y expresar gratitud, puede resultar difícil encontrar cosas que agradecer cuando estamos pasando por dificultades, ya sea una enfermedad, nuestros recursos económicos o deseos insatisfechos. Pero podemos esforzarnos por cambiarlo, paso a paso, reformulando nuestro diálogo interior y la forma en que nos referimos a nuestras circunstancias, tanto a nosotros mismos como a los demás.

Si estamos metidos en un ciclo negativo y nos sentimos tristes, nuestros pensamientos tenderán a volverse cada vez más negativos, lo que nos conducirá a una mentalidad victimista y a pensamientos como «Pobre de mí» o «¿Por qué tengo que sufrir?». Esta mentalidad genera, a su vez, emociones negativas: ira, tristeza, miedo, odio, culpa. Cuando nuestra mente está ocupada con tales pensamientos, nos llenamos de energía negativa y nos alejamos de los demás y de la energía divina del universo.

Nadie quiere permanecer en ese estado, pero a menudo intentamos mejorar la situación desde la desesperación. Empezar el viaje de la manifestación desde la desesperación no resulta eficaz. Es importante que aceptemos nuestras emociones (el dolor es el dolor), pero, una vez lo hayamos hecho, podemos aprovechar nuestra capacidad innata de cambiar nuestra mentalidad para pasar de centrarnos en nosotros mismos a sentirnos parte de la naturaleza y del universo. Este cambio nos permitirá sentir una profunda gratitud por el simple hecho de estar vivos, un estado de *Kansha* o «gratitud». Ahora podemos empezar a enfocarnos en lo que tenemos, en lugar de en lo que nos falta. Este cambio de perspectiva es fundamental para la manifestación.

Arnés *kotodama*

En mi trabajo con clientes que han padecido agotamiento, enfermedades crónicas o depresión, y que desean manifestar una vida tranquila y plena, uno de los primeros pasos que damos es cambiar la forma en que describen su situación. Como expliqué en el capítulo 4, el *kotodama* (el poder de las palabras, el lenguaje que escogemos) puede moldear la vibración que emitimos.

He aquí un útil ejercicio de *kotodama*. En lugar de emplear afirmaciones positivas o ignorar de cualquier otra forma los problemas a los que te enfrentas, con esta actividad recuperarás tu poder adoptando una mentalidad centrada en las soluciones. De este modo, creamos activamente la futura solución en el campo energético y nos aseguramos de que el camino hacia la resolución ya está trazado, permitiendo que se manifieste en la realidad física. Este es el mismo enfoque que se adopta en los eventos *yoshuku*.

Kotodama: tu reflexión semanal

1. Reflexiona sobre lo que has dicho sobre ti mismo durante esta semana, tanto vocalizándolo como internamente. Escribe todas las frases que se te ocurran.
2. Fíjate en las expresiones que utilizas con más frecuencia y que tienen un tono negativo, por lo que te hacen sentir cada vez peor. (Por ejemplo: «No me encuentro bien»; «No tengo dinero»; «Estoy estresado»; «No soy lo bastante bueno», o «Soy un fracasado»).

3. Concéntrate en las palabras que has utilizado y piensa en cómo te hacen sentir.
   - ¿Tus palabras te hacen sentir triste y bloqueado?
   - Piensa en lo que has querido cambiar en tu vida últimamente. ¿Estas palabras te dan fuerza? ¿Te conectan con la sensación de haber logrado el resultado que deseas? ¿O te hacen sentir más alejado de tus objetivos?
4. Volvamos ahora a nuestra metáfora *sakura* del cerezo. Imagínatelo alto y erguido con la promesa de florecer. Ahora cierra los ojos y aplica a tu cerezo las palabras que has utilizado para describirte a ti mismo. Imagina tus duras palabras como un clima inclemente y tus comentarios negativos cayendo sobre las ramas como si fueran granizo. Imagina tu ira golpeando como un sol implacable, quemando y secando la tierra. ¿Cómo te hace sentir respecto al árbol? ¿Qué cambiarías para que el árbol floreciera?
5. Tendemos a ser muy duros con nosotros mismos, pero si vieras sufrir a tu querido cerezo, ¿qué harías? Mira tu lista de palabras para el paso 2. Ahora reescribe cada una de tus expresiones para mostrarte fuerte y compasivo, mientras mantienes en mente la imagen del cerezo en flor, es decir, la imagen de lo que quieres como resultado.

Ejemplo I

«Estoy agotado y sin energía».

Esta expresión crea una sensación de desesperanza, desesperación, victimismo, abatimiento.

Reformula a:

«Voy a dar prioridad a tomarme un descanso para recargar las pilas».

Admites y aceptas que estás cansado y que necesitas descansar. Reconoces la necesidad y la importancia de dedicarte tiempo a ti mismo. Es una expresión de amor propio. Abre la puerta para que entre la luz y facilita el camino hacia la sanación.

Ejemplo 2

«No tengo suficiente dinero. Todos mis amigos parecen tener más dinero que yo».

Muchas personas emplean esta frase sin pensar demasiado, cuando la realidad es que puede cerrarnos las puertas a la abundancia económica. En inglés, el sujeto («I» en este caso) forma parte integral del significado de una frase. En japonés, sin embargo, esta expresión se traduce como «No hay dinero», porque el sujeto (como «yo» o «tú») suele omitirse. Esto hace que la afirmación resulte menos personal, creando una sensación de distancia entre el individuo que experimenta la falta de dinero y el objeto del verbo. Crea esta sensación de distancia para ti mismo.

Reformula a:

«Mi cartera está vacía. Mi cartera necesita llenarse».

Utilizo esta frase porque es una afirmación verdadera, no es personal y deja espacio para nuevas oportunidades y posibilidades.

Cuando se trata de gestionar nuestro dinero, es natural que nos centremos en los números y, cuando estos no cuadran, solemos entrar en pánico. Por supuesto, debemos estar atentos y administrar nuestro dinero con cuidado. Pero el miedo y el pánico pueden actuar como bloqueos de la abundancia y reducir nuestra capacidad para reconocerla. Piensa de nuevo en tu cerezo y en lo que necesita para sobrevivir y florecer. Necesita luz, agua y nutrientes. Reconoce aquello que ya tienes en tu vida y que te pone en posición de crecer y tener éxito. La abundancia, como el amor, siempre está presente.

Aunque podamos preocuparnos por nuestros problemas personales, ver nuestras vidas desde una perspectiva más amplia y universal revela que todo se alinea con las leyes naturales. Al igual que la energía vital fluye por nuestro cuerpo para sustentarnos, las circunstancias de nuestra vida están determinadas tanto por nuestro propio flujo de energía como por la energía universal que nos rodea.

En tiempos difíciles, podemos hacer una pausa, respirar y recordar que formamos parte de este flujo. Reformular nuestros pensamientos y palabras nos ayuda a equilibrar nuestra energía, eliminar bloqueos mentales y restablecer el flujo natural de la energía vital.

La verdadera confianza en uno mismo no proviene del logro de objetivos en el mundo exterior, sino de trabajar la fuerza interior y tomar las riendas de nuestra vida. Simplemente con pensar de forma diferente puedes marcar una gran diferencia.

Incluye estas actividades en tu vida diaria para cultivar la tierra de tu mentalidad, de modo que las semillas de tus sueños y deseos puedan prosperar. Si descuidas tu mente, la tierra, las semillas no crecerán. Estas necesitan luz, agua y nutrientes. Solo a partir de una mente fértil y un campo positivo de energía podrán manifestarse tus sueños y deseos.

祝

Shuku

Celebración

PASO 3:
Planifica y crea tus celebraciones del *yoshuku*

Como hemos visto en el capítulo 1, una de las principales formas de incluir el *yoshuku* en la vida diaria japonesa son los festivales que se celebran en cada estación del año. Estos festivales, arraigados en una combinación de sintoísmo y budismo, enriquecen nuestras vidas con el agradecimiento, el cual expresamos con rituales como la oración y la entrega de regalos. En la Antigüedad, cuando la vida era mucho más sencilla y comunitaria, nuestros deseos se centraban en oraciones de agradecimiento por una cosecha abundante, la buena salud y la protección contra plagas y desastres naturales. Estas celebraciones *yoshuku* buscaban estrechar los vínculos con la comunidad y reforzar el poder de la manifestación colectiva.

Te invito a explorar un puñado de celebraciones *yoshuku*. Si alguna de estas prácticas te resulta familiar, te animo a que la utilices para crear tus propias celebraciones *yoshuku*, de modo que se ajusten a tus horarios y estilo de vida. Las celebraciones que se comparten con la familia y los amigos, así como con la comunidad en general, permiten a los participantes sintonizar con las vibraciones de la gratitud. La energía creada por cada individuo se multiplica cuando experimenta sentimientos de felicidad, amor, paz y gratitud con otras personas.

Cada estación nos brinda la oportunidad de centrarnos en la manifestación de diferentes aspectos de nuestra vida. Aquí tienes algunos ejemplos para empezar, pero puedes adaptar y ampliar tus prácticas de *yoshuku* en función de tus gustos personales.

Tema estacional y aspecto de la vida para manifestar:

Primavera: Salud y bienestar (tiempo de transformación y renovación).
Verano: Amor y relaciones (difundir el amor y estrechar los vínculos).
Otoño: Dinero y carrera profesional (recoger los logros y honrar nuestros esfuerzos).
Invierno: Crecimiento personal (abrirse camino).

Dondequiera que vivas y sean cuales sean tus circunstancias personales, siempre habrá alguna festividad nacional y estacional en la que podrás incluir los principios de las ceremonias japonesas *yoshuku*. De este modo, podrás enriquecer tus propias celebraciones y canalizar el poder de la apreciación y la manifestación colectiva.

春

Primavera

Salud y bienestar: tiempo de transformación y renovación

La celebración japonesa que llevamos a cabo en esta estación es el Hanami *(花見): la contemplación de los cerezos en flor, la cual manifiesta nuevos comienzos y oportunidades.*

Hanami proviene de *hana* (花), que significa «flor», y *mi* (見), que significa «contemplar». Se refiere en concreto a la contemplación anual de los cerezos en flor (*sakura*), que se ha convertido en todo un símbolo de Japón. A medida que se acerca la primavera, todo el país espera con impaciencia la floración de los cerezos. A mediados de marzo, incluso el canal dedicado al pronóstico meteorológico incluye las predicciones sobre la floración en todo el país, para que las personas puedan planificar sus celebraciones del *Hanami*.

El *Hanami* se remonta al siglo VIII y, en sus orígenes, se celebraba para desear una cosecha abundante en otoño expresando gratitud a la naturaleza, al universo y a los *kami*. Con el tiempo, el *sakura* se convirtió en el símbolo de los nuevos comienzos, ya que su auge coincide con una época de transición en Japón, tanto en el nuevo año académico como en el fiscal. El *Hanami* es un periodo de grandes cambios y metamorfosis en las familias, las empresas, las relaciones y la vida personal.

Durante el *Hanami* celebramos fiestas bajo los cerezos en flor con amigos, familiares, vecinos y colegas, tanto de día como de noche. Lo hacemos deseando que los cambios que se avecinan sean experiencias positivas que traigan consigo paz y prosperidad. Al mismo tiempo, expresamos nuestro agradecimiento por nuestras vidas actuales y por tenernos los unos a los otros. El *Hanami* también nos brinda la oportunidad de plantearnos qué cambios nos gustaría ver mientras agradecemos lo que ya tenemos. Al celebrarlo por adelantado con los demás y mostrar nuestra gratitud al universo, nos conectamos colectivamente al momento presente y al futuro para manifestar cambios positivos y nuevas oportunidades.

Crea tu propio *yoshuku* para la primavera

Salud y bienestar: tiempo de transformación y renovación

La primavera es una estación de nuevos comienzos y oportunidades. Para aceptar estos nuevos comienzos, también debemos sanarnos, transformarnos y renovarnos a nosotros mismos. La primavera nos invita a liberarnos del peso de las heridas del pasado y a abrirnos a la energía de la sanación. Es la oportunidad perfecta para expresar gratitud por nuestro bienestar físico y mental, honrando la salud porque nos permite vivir con plenitud.

Tras un largo invierno, la luz empieza a impregnar de nuevo nuestra existencia, iluminando nuestro cuerpo y campo energético. Podemos sanar esas partes de nosotros mismos que están rotas invitando a entrar a la luz. Para tus eventos *yoshuku* de primavera, te recomiendo uno de mis rituales artísticos favoritos de sanación y transformación: el *kintsugi* (金継ぎ), que literalmente significa «costura de oro» y es el arte japonés de reparar cerámica rota con laca y colorear con polvo dorado las grietas que han sido reparadas para darles una nueva vida.

El *kintsugi* es uno de mis talleres favoritos. Encajamos en grupo las piezas rotas utilizando un adhesivo especial y luego esparcimos polvo de oro sobre las nuevas uniones. Este cuidadoso procedimiento transforma un objeto roto, que para nosotros es importante, en algo nuevo, al tiempo que destaca las piezas rotas en lugar de ocultarlas. La cerámica aparece reparada y más bonita que nunca, con su historia de cicatrices en la superficie. Este proceso la convierte en única en el mundo, como lo son nuestros corazones.

En primavera, que es la estación de las flores, te animo a que reúnas un círculo de amigos o familiares y disfrutéis juntos de una sesión de *kintsugi*. Esta práctica colma nuestro viaje de sanación con amabilidad y paciencia, con autocompasión y fuerza para seguir adelante. Igual que las flores se van abriendo a lo largo de la primavera, las partes rotas de nosotros mismos también se van desplegando de forma gradual, dejando atrás las viejas heridas mientras damos la bienvenida al crecimiento y la belleza.

夏

Verano

Amor y relaciones:
aumentar el amor y estrechar los vínculos

La celebración japonesa que llevamos a cabo en esta estación es el Tanabata *(七夕), el «Festival de las Estrellas», que manifiesta el amor, la creatividad y los sueños.*

El festival *Tanabata*, también conocido como la «Fiesta de las Estrellas», se celebra cada 7 de julio en Japón desde el siglo VIII, aunque algunas regiones también lo celebran según el calendario lunisolar, que fue el método original para fijar su fecha. *Tanabata* es uno de los festivales *go-sekku*, que celebran cinco cambios de estación en fechas que coinciden con los números de la buena fortuna de la numerología china: 1/7 (7 de enero), 3/3 (3 de marzo), 5/5 (5 de mayo), 7/7 (7 de julio) y 9/9 (9 de septiembre), manifestando la creencia de que los números influyen en nuestro flujo de energía, que a su vez afecta a los acontecimientos de nuestra vida. Cada festival *go-sekku* tiene sus propias prácticas, con rituales que sirven para expresar gratitud con el fin de atraer una buena cosecha, salud, prosperidad y felicidad.

El *Tanabata* hunde sus raíces en una historia mitológica de carácter romántico, junto con la bonita tradición de enviar poemas y deseos a las estrellas. Con origen en el festival chino Qixi, se basa en la historia de dos amantes, Orihime (una tejedora que simboliza la estrella Vega) y Hikoboshi (un pastor de vacas que simboliza la estrella Altair), que están separados por la Vía Láctea. Los amantes solo pueden encontrarse una vez al año, en la séptima noche del séptimo mes, cuando en el cielo vespertino aparece un puente sobre la Vía Láctea. Cuando esta festividad se introdujo en Japón, se fusionó con los rituales sintoístas de la misma estación que tenían como objetivo desear una buena cosecha en otoño. Estos rituales incluían rezar para que las lluvias de verano protegieran los cultivos de la sequía y expresar gratitud a la divinidad con ofrendas.

Un elemento clave es el proceso de *tanzaku*, es decir, la elaboración de poemas, deseos y oraciones. Aquí, los deseos para mejorar diversas habilidades y aspectos de la vida se escriben como poemas en papeles de colores y se cuelgan en ramas de bambú junto con adornos de origami.

Incluso en el Japón moderno, estos antiguos rituales estacionales siguen reflejando los principios del sintoísmo y el budismo (no como religiones, sino como filosofías de vida), y se han convertido en una de las tradiciones de la cultura japonesa.

Analizar los sueños, los deseos, el amor y la creatividad

El festival *Tanabata* nos permite indagar en nuestros sueños y deseos sin reservas, dejándolos fluir libremente en el aire hasta alcanzar las estrellas, mientras celebramos una antigua historia de amor eterno, la creatividad y la belleza del universo. Por la noche, las familias comparten el tradicional plato veraniego *somen* (fideos finos en caldo frío), el *gyōjisyoku* (plato de celebración) del *Tanabata*, mientras contemplan con orgullo el *tanzaku*, el pergamino que contiene sus sueños en forma de poemas y que suele estar colgado en un balcón o cualquier otro lugar cercano al cielo del atardecer. En sintonía con la belleza de un cielo despejado y estrellado, enviamos nuestros deseos por medio de creaciones con las que conectamos con la naturaleza, las estaciones y el cosmos.

Se trata de una celebración colectiva y, al celebrarla juntos, el sentimiento compartido se convierte en un recuerdo más poderoso. Tanto para los niños como para los padres, es un momento maravilloso para hablar sobre nuestros sueños libremente, sin hacer ninguna crítica, y para pedir nuestros deseos y expresar nuestra gratitud por adelantado. Escribir nuestros sueños en papeles de colores es una experiencia romántica y que nos sirve para practicar nuestras habilidades caligráficas.

A través del *Tanabata* se nos anima a manifestar:

Sueños y deseos

Dedicar un momento a entrar en contacto con nuestro corazón nos impulsa a soñar libremente e identificar nuestros mayores deseos.

Amor

A partir de la historia mitología romántica de dos amantes, aceptamos el amor que tenemos y que tendremos. Disfrutamos y creamos la energía del amor romántico y también del familiar, así como el amor que sentimos por nuestros amigos.

Creatividad

Escribiendo poemas, practicando la caligrafía y haciendo diversos adornos, entramos en contacto con nuestro espíritu creativo.

Crea tu propio *yoshuku* para el verano

Amor y relaciones: ampliar el amor y estrechar los vínculos

Podemos utilizar el espíritu de *Tanabata* para nutrir el amor y estrechar los vínculos que hay en nuestras vidas, ya sea en relaciones románticas, de matrimonio, familiares, de amistad o de cualquier otro tipo. Considera la posibilidad de organizar una ceremonia *yoshuku* con familiares y amigos para honrar y apreciar estas relaciones. Si actualmente no tienes una relación sentimental, ya sea de pareja o de matrimonio, aprovecha esta oportunidad para apreciar el amor de tus padres, familia, amigos, relaciones pasadas o incluso el amor incondicional de una mascota. Siguiendo la tradición del *Tanabata*, elabora tus propios mensajes de gratitud y amor en formato de nota o carta de agradecimiento. Escríbela con un estilo poético y dirígela a tu pareja, mejor amigo o amiga, hermano o hermana, o progenitor, y expresa tu gratitud por su amor y apoyo en el viaje compartido.

Además de comunicar tu amor y gratitud a tu pareja, amigos o familiares, concéntrate en difundir la energía del amor que hay en tu interior. Siguiendo la tradición del *Tanabata*, escríbete un poema, una historia o una nota que celebre las experiencias y las personas que han traído amor a tu vida. Para inspirarte en las costumbres del *Tanabata*, puedes utilizar un papel bonito y convertirlo en origami. Puedes hacer de esto un evento *yoshuku* que compartas con tus seres queridos, y crear juntos tantas notas como quieras. Tanto si decides compartir tus escritos con los demás como si los mantienes en privado, el acto de escribir es un ejercicio poderoso en sí mismo.

Al apreciar el amor y las personas que ya están en tu vida, aumentas la energía del amor puro que hay dentro de ti. Al trabajar este amor interno, permites que se irradie hacia el exterior, llenando tu vida de amabilidad, conexión y alegría.

秋

Otoño

Dinero y carrera profesional: cosechar logros y honrar nuestros esfuerzos

La celebración japonesa que llevamos a cabo en esta estación es el Niiname-no-Matsuri *(新嘗祭), la fiesta de la cosecha de otoño, que manifiesta la abundancia.*

Niiname-no-Matsuri es el ritual sintoísta de la cosecha, que se celebra anualmente en noviembre; *ni-i* (新) significa «nuevo» y *na-me* (嘗) significa «sabor». Es uno de los rituales oficiales de la corte japonesa y está profundamente ligado a sus raíces rurales y patrimonio cultural. Antiguos documentos señalan que esta ceremonia se remonta a principios del siglo I d. C. y se celebraba para expresar gratitud por la cosecha del año en curso, así como esperanza y gratitud por la del año siguiente.

En el centro de este ritual se encuentra la ofrenda de la primera cosecha de arroz y otros productos de la temporada a los *kami*. En el Palacio Imperial, con una ceremonia solemne, el emperador inicia este ritual con una plegaria de agradecimiento por las continuas bendiciones. La participación del emperador pone de relieve su papel como puente entre lo divino y el pueblo, asegurando la armonía y la prosperidad de la nación.

Por encima de todo, el *Niiname-no-Matsuri* hace hincapié en ese momento necesario para hacer una pausa y apreciar los sencillos pero importantes dones de la naturaleza. Se trata de reconocer los esfuerzos de quienes trabajan la tierra y las bendiciones que sustentan la vida.

Crea tu propio *yoshuku* para el otoño

Dinero y carrera profesional: cosechar logros y honrar nuestros esfuerzos

El otoño es tiempo de cosecha, una estación para recibir nuestros frutos con gratitud. En la vida moderna, el dinero representa el fruto de nuestro trabajo, la recompensa que cosechamos. En lugar de centrarnos en querer más, esta estación nos invita a expresar gratitud por lo que ya tenemos y por el lugar en el que nos encontramos. Incluso si no estás totalmente satisfecho con tu situación actual, ya sea en términos económicos, profesionales, de salud o de crecimiento personal, es momento de apreciar todo lo que tienes y todo lo que has experimentado hasta ahora. Esta energía de gratitud y satisfacción puede, a su vez, crear un poderoso impulso de crecimiento y expansión en nuestra vibración y nuestro *ki*, es decir, nuestra energía vital.

Para practicar tu *yoshuku* de otoño, te sugiero crear un cuenco de *Kansha* (gratitud). Este ritual puede ser muy relevante si se comparte con la familia o los amigos.

Cómo hacer un cuenco *Kansha*

- En primer lugar, busca un cuenco o recipiente sencillo. Si tienes un recipiente de cerámica que hayas reparado con *kintsugi* en primavera, sería una bonita elección para conectar tu viaje de primavera con el de otoño (el ritual de renovación que lleva a la cosecha), pero cualquier cuenco o recipiente servirá.

- Prepara unos pequeños trozos de papel de diferentes colores otoñales; incluso puedes utilizar papel de origami.
- Tómate un minuto para reflexionar sobre las cosas que aprecias y, a continuación, escribe cada cosa por la que des las gracias en un trozo de papel, empezando siempre con «Gracias por...». Ahora dóblalo (de forma sencilla o como origami; mi favorito es un pájaro grulla) y colócalo en el cuenco.
- Invita a los demás a crear sus propios cuencos *Kansha* o a llenar un cuenco común, metiendo cada participante tantas notas de agradecimiento como quiera. Podrías disponer tu *Kansha* de modo que tus invitados metan sus propias notas de agradecimiento cada vez que entren y salgan de tu casa. Al colocarlo en un lugar especial cerca de la puerta de entrada, se convierte en un objeto que también influye de forma positiva en tu flujo de energía.
- El acto de escribir y reunir estas expresiones de gratitud es la esencia del ritual. Esta práctica, sencilla pero poderosa, sirve para recordar la abundancia que ya está presente en nuestras vidas, fomenta un sentimiento de gratitud y permite que nuestra energía de abundancia se extienda.

Invierno
Crecimiento personal: abriendo camino

La celebración japonesa que llevamos a cabo en esta estación es Oshōgatsu *(お正月), el día de Año Nuevo, que manifiesta un nuevo comienzo con gratitud y conexión.*

Enero es un mes muy importante para mí (como también lo es para los demás). En todo el mundo, es la época en que nos fijamos nuevas metas, con independencia de cuál sea nuestro origen cultural.

Enero tiene un significado especial para los japoneses, pues sienta unas bases sólidas para el año que acaba de empezar, y está repleto de alegres eventos tradicionales. Este mes rebosa la esencia del *yoshuku*, y siempre tengo la sensación de que el tono que se marca en enero determina el de todo el año. Los tres primeros días del mes se llaman *Oshōgatsu*, y mi abuela solía decir que la forma en que pasemos estos tres días marcará el camino del resto del año, influyendo en aspectos como la salud, las relaciones y la prosperidad. Por lo tanto, pasamos estos días centrándonos en aumentar nuestro *unki*, el flujo de energía de la fuerza vital, en todos los aspectos de nuestra vida. De este modo, podremos guiar nuestras vidas hacia resultados favorables y dar la bienvenida a nuevas manifestaciones.

En Japón, la última semana de diciembre nos dedicamos a cerrar el año con prácticas de limpieza y purificación: desempolvamos toda la energía acumulada y limpiamos y purificamos nuestras casas, oficinas, coches y pertenencias. El último día del año, visitamos el santuario local para asistir a rituales de purificación realizados por un sacerdote sintoísta.

En cualquier lugar del mundo donde te encuentres, habrá sus propias costumbres para celebrar esta época, y en Japón nuestra alegre tradición de Nochevieja es comer fideos *soba* por la noche para despedir el año. La forma alargada y estrecha de los fideos representa la longevidad, y se cree que los fideos limpian nuestro organismo. Al comer *soba* juntos, dejamos atrás el año pasado y nos preparamos para dar la bienvenida a un año nuevo, sano y feliz.

A medianoche, para marcar la transición del año viejo al nuevo, la campana de los templos budistas suena 108 veces. Diversas fuentes explican por qué se hace así, pero se cree que representa el número de nuestros deseos, la causa de nuestros sufrimientos en la vida pasada, presente y futura. Mientras oímos las campanadas de los templos budistas, visitamos el santuario sintoísta local de *hatsumōde*, la primera visita año. Es una escena alegre mientras aceptamos un nuevo comienzo, un nuevo ciclo lleno de posibilidades, oportunidades y esperanzas, especialmente durante el *Oshōgatsu*, los tres primeros días del nuevo año, aunque también celebramos el año entrante. Vamos al santuario para recibir bendiciones, expresar gratitud y aumentar nuestro *unki* por nuestra salud, prosperidad, paz y felicidad.

Los santuarios sintoístas están abiertos a todo el mundo, con independencia de su religión. En esta ocasión no pedimos deseos personales, sino que nos conectamos con la energía divina y expresamos nuestra gratitud a los *kami*, al universo, a nuestros antepasados, a nuestra familia y a todos los que forman parte de nuestra vida por proteger nuestro viaje vital a lo largo del año, garantizando así nuestro bienestar físico, paz interior, fortaleza espiritual y armonía tanto para nosotros como para nuestra comunidad. El viaje de la manifestación empieza aumentando nuestra propia vibración y conectando con la energía divina, de forma que nos alineamos con la vibración de nuestro deseo (*negai*).

Durante el *hatsumōde*, los santuarios están llenos de lugareños y visitantes, así que solemos encontrarnos con caras conocidas. Con ellos intercambiamos saludos de Año Nuevo, expresamos nuestra gratitud y esperamos apoyarnos durante todo el año. No se trata solo de desearnos un feliz año nuevo, sino de preparar energéticamente el terreno para que nuestras relaciones y amistades florezcan. También es habitual que disfrutemos del primer amanecer del año para conectar con el sol, que es la energía divina por excelencia. Esa noche, mientras dormimos, tenemos nuestro *hatsuyume*, el primer sueño del año, que se cree que transmite un mensaje especial.

Algunas personas, ya sea de forma individual, en grupo o con *nakama*, también llevan a cabo el ritual *Daruma*. Se trata de una práctica tradicional japonesa que está arraigada en las tradiciones budistas y que consiste en pintar un solo ojo en un muñeco redondo y hueco conocido como «muñeco *Daruma*». La pintura de un ojo marca el establecimiento de un objetivo o deseo para el nuevo año, y simboliza la determinación y la perseverancia para poder cumplirlo. Cuando el objetivo o deseo se cumple, se pinta el segundo ojo, que marca su realización. El muñeco se guarda durante un año, como recordatorio del viaje y para mantenernos enfocados. El objetivo y la intención también se expresan por medio de la primera caligrafía japonesa del año, llamada *kakizome*.

Entre las principales celebraciones de Año Nuevo en Japón encontramos el ritual de comer ciertos alimentos. Junto con la familia, preparamos y compartimos con alegría los alimentos de celebración *osechi-ryōri*, unas cajas lacadas delicadamente presentadas y que están llenas de comestibles que simbolizan la longevidad, la salud, la prosperidad y el amor. Esta tradición completa las festividades del Año Nuevo japonés. Por medio de todas estas actividades y experiencias, celebramos todo el año por adelantado.

Crea tu propio *yoshuku* para el invierno

Crecimiento personal: abrirse camino

En todo el mundo, enero es el momento en que nos preparamos para el año que acaba de empezar, establecemos nuevos propósitos y definimos nuestros objetivos. En Japón, también celebramos las habilidades personales, honramos nuestro compromiso con ciertas actividades y encontramos la alegría en el crecimiento personal.

Otra tradición típica de este mes consiste en establecer cómo queremos vivir durante el año que acaba de empezar. ¿Por qué no creas tu propio *yoshuku* de invierno con familia, amigos, colegas o *nakama*? Juntos podréis reflexionar, fijar propósitos y celebrar aspiraciones que compartáis.

Puedes ser tan creativo como quieras a la hora de organizar tu celebración del *yoshuku*. Para darle un toque creativo, identifica aquello que deseas experimentar en el nuevo año, como paz, amor, inspiración o plenitud, y luego busca sus caracteres *kanji* japoneses. A menudo dirijo sesiones de caligrafía en Año Nuevo, la popular tradición del *kakizome* con la que los participantes escriben los caracteres que han escogido para fijar sus intenciones para el nuevo año. Coloca tu intención en un lugar visible, como un recordatorio diario de tu camino. Deja que te guíe y se convierta en un indicador de las decisiones que vayas a tomar a lo largo del año. Por ejemplo, si la paz es fundamental para ti, colocar esta palabra en tu casa puede ayudarte a escoger aquellos caminos que den prioridad a la estabilidad frente a las dificultades. Si te sientes preparado para el crecimiento y la aventura, puedes escoger más de una cualidad que resuene contigo y utilizarlas como guía a lo largo del año. Una vez plasmado el deseo, el objetivo o la intención, es habitual añadir la propia firma. Esto puede hacerse al final del año como una forma de reflexionar y dar las gracias (véase el paso 5).

Pasos para crear tu ceremonia *yoshuku*

Escoge una fecha y una hora: Escoge un día al principio de la temporada para hacer la ceremonia *yoshuku*. Si la cultura a la que perteneces tiene alguna celebración festiva por estas fechas, incorpora los principios *yoshuku* en el evento. Ten en cuenta que, después de la ceremonia *yoshuku*, es importante que practiques los rituales diarios del paso 4 para mantener tu energía tras las emociones evocadas en la ceremonia y para aumentar tus vibraciones (tu *unki*), de modo que puedas moverte mejor por la vida hacia el estado de ser que deseas.

Sintoniza con la naturaleza y la estación del año: Reflexiona sobre la estación actual, su belleza y su significado. Averigua si en la cultura a la que perteneces hay celebraciones de la estación y que incluyan elementos *yoshuku*.

Reúne a tu gente: Invita, en persona o por Internet, a familiares, amigos, compañeros o *nakama* que compartan tus mismas aspiraciones. Si no tienes a nadie con quien celebrarlo, las ceremonias *yoshuku* pueden practicarse en solitario. Te recomiendo que después escribas un diario sobre la ceremonia. Escribir sobre ella te permitirá crear textos que no solo podrás compartir con los demás, sino que también harán que la experiencia permanezca por más tiempo en tu memoria.

Escoge un tema y crea un evento: Los eventos pueden ser tan sencillos como compartir una comida o algo más ligero, como un té o un café. O puedes organizar una fiesta o una excursión, aunque no tiene por qué ser algo extravagante. Si es época de cosecha, pasea con familiares, amigos o seres queridos para apreciar la belleza de la naturaleza; si es primavera, reúnete para contemplar los cerezos en flor o un espectáculo natural equivalente.

Aplica tu deseo: En el paso 1, concretaste tu deseo junto con el color, el sabor y el aroma que lo representan. Puedes aplicar ahora estos elementos a tus eventos *yoshuku*. Por ejemplo, vístete con el color que representa tu deseo o elige la fragancia y los alimentos que lo evocan. Haz lo que puedas para crear la atmósfera que sentirás cuando tu deseo se manifieste.

Algo para degustar: Prepara una comida especial con productos de temporada y disfrútala con tu grupo o en solitario; sea cual sea la esencia del evento, añade algo especial para el mes o la temporada.

Imaginación y creación: Es beneficioso para los eventos *yoshuku* que activemos nuestros cinco sentidos, para que nuestras experiencias se arraiguen más en nuestra memoria y campo energético. Imagina tus sueños, deseos y metas, y siéntelos ahora mismo. Crea algo que los simbolice. Puedes escribir poemas, dibujar, cantar, bailar o simplemente escribir un diario sobre ellos. Haz un arreglo floral o prepara una comida especial. Usa tu creatividad para hacer realidad lo que deseas.

Expresa tu agradecimiento: Comparte lo que agradeces del mes pasado, del momento presente y del futuro. Puedes expresarlo a través de tu creatividad. Asegúrate de verbalizar tu agradecimiento de alguna forma.

Comparte tus deseos e intenciones: Habla de tus próximas actividades, objetivos y deseos, compártelos y establece intenciones de paz, amor, realización, prosperidad y salud para el próximo mes o estación.

Celebra el ahora y el futuro: Verbaliza, comparte y explora tus objetivos, deseos y sueños como si ya estuvieran en camino, utilizando la lista de respuestas que creaste en el paso 1. Imagina cómo te sentirás cuando se manifiesten; saborea esa sensación junto con tu grupo. Celebra los resultados y las próximas actividades de los demás. Si compartís los mismos objetivos y deseos, comunicadlos claramente y trabajad juntos de forma constructiva. Disfruta del viaje compartido.

Incluyendo los elementos anteriores, puedes crear una ceremonia significativa y enriquecedora que aporte foco y positivismo a cada estación.

Wa, Kei, Sei, Jaku
Los cuatro principios de la vida:
armonía, respeto, pureza y serenidad

PASO 4:
Rituales diarios

El momento presente crea nuestro futuro. Manifestar nuestros deseos y transformar nuestras vidas son el resultado de cómo pasamos cada momento. Del mismo modo que las flores florecen cuando el árbol está sano, debemos asegurarnos de que el árbol y sus raíces se nutren mediante el suministro de luz, agua y nutrientes del suelo. Para ver florecer nuestros deseos, debemos mantener nuestro propio terreno fértil y cuidar de nuestro bienestar. Teniendo esto en cuenta, además de las ceremonias *yoshuku*, también es importante llevar a cabo prácticas *micro-yoshuku* a través de acciones diarias diseñadas para sintonizar y mantener el flujo de energía vital. En nuestra rutina diaria debemos mantener la vibración de nuestro deseo o *negai*.

En esta sección te mostraré algunos de los rituales que practico a diario, los cuales he tomado de la tradición sintoísta y de las enseñanzas del budismo japonés y la sabiduría ancestral, los cuales se han transmitido en mi familia de generación en generación. Estos rituales giran en torno a los cuatro principios de la vida: armonía, respeto, pureza y serenidad, tal y como se transmiten en las inmortales enseñanzas de Sen no Rikyū, el maestro de té y filósofo japonés del siglo XVI conocido como el padre del *sadō* o *chadō* (茶道),

«El Camino del Té». Estas prácticas pueden adoptarse con independencia del origen cultural o religioso de la persona, y espero que tú puedas incluirlas en tu propia vida.

Los cuatro principios de la vida

Los cuatro principios de la vida, *wa* (armonía), *kei* (respeto), *sei* (pureza) y *jaku* (serenidad), son muy sencillos pero profundamente transformadores. Los descubrí mientras estudiaba con un maestro de té de la escuela Omotesenke, y mi madre fue estricta para que los siguiera durante toda mi infancia. Con el tiempo, he comprendido aún más el significado de esta enseñanza. A través de mi propio viaje de autodescubrimiento, he llegado a apreciar la importancia de estos principios y los he incluido plenamente en mi vida diaria. De este modo, he notado un cambio en mi *unki* o flujo de energía vital, que se ha vuelto más fluido, permitiéndome alinearme con una vibración de energía más alta que trae consigo sanación, transformación y manifestación sin apenas esfuerzo, junto con alegría y plenitud.

Esta sección es una guía práctica para que utilices estos cuatro principios para cultivar a diario un terreno fértil, haciendo que cada momento se vuelva más tranquilo y satisfactorio. Al igual que las flores florecen cuando se nutren, tus deseos también florecerán y se manifestarán de forma natural.

En primer lugar, indicaré el significado de los cuatro principios, y luego compartiré algunos rituales prácticos para la mañana, la tarde y la noche; un método que utilizo para mí, mis clientes y mis alumnos.

Wa (和): Armonía

Todo en la vida tiene sus luces y sus sombras. Yo acepto ambas para conseguir armonía en mi interior.

La armonía implica alinear nuestro mundo interior con el exterior, así como vivir en armonía con la naturaleza y sus ciclos. La vida tiene muchos aspectos duales: luz y sombra, más y menos, positivo y negativo. La verdadera armonía surge cuando unimos estas fuerzas opuestas, creando un estado de equilibrio. Al igual que la naturaleza necesita sol y lluvia, nuestras vidas prosperan gracias al equilibrio entre lo positivo y lo negativo. Cuando aceptamos ambos, lo hacemos como dos aspectos de una misma unidad.

Muchas enseñanzas sobre la manifestación hacen hincapié en el uso de la visualización positiva y las técnicas de afirmación para invocar lo que deseamos. Sin embargo, puede que en el fondo no creamos que lo que deseamos se vaya a hacer realidad y nos aferremos a la ira y a la duda. Es importante que aceptemos todos nuestros sentimientos y emociones, y estemos en armonía con ellos.

Nada en la vida es sencillo. Incluso si nuestros mayores sueños se hacen realidad, inevitablemente, acarrearán algunos aspectos negativos. Del mismo modo, en nuestras experiencias negativas casi siempre podemos encontrar algo positivo, una luz de esperanza o una lección. Es importante comprender esto para que, cuando nos enfrentemos a dificultades o a la negatividad en nuestro viaje de manifestación, podamos permanecer en un punto cero, entre lo positivo y lo negativo, y estar en equilibrio.

Comprender este equilibrio nos permitirá permanecer enraizados, estables, en paz y realizados a largo plazo. Nos permitirá avanzar, alcanzar nuestros objetivos y manifestar nuestros deseos desde un estado de armonía y paz interior.

Considera la relación existente entre nuestra mente consciente y nuestra mente subconsciente. ¿Existe armonía entre la impresión de nosotros mismos que damos al mundo y nuestros auténticos sentimientos? Si existe una discrepancia significativa, puede crear confusión en nuestro campo energético y en nuestras emociones, lo que en última instancia afectará a nuestra capacidad para manifestar una vida plena.

Reconocer y resolver estos conflictos internos es el primer paso para crear armonía y alinear las mentes consciente y subconsciente. Cuando nuestro mundo interior está en armonía, nuestra energía vital empieza a fluir con gracia.

Kei (敬): Respeto

La vida se vuelve más bella cuando escojo ver aquello que puedo respetar en los demás.

El respeto va más allá del respeto exterior a las personas, los objetos, la naturaleza y todo lo que nos rodea. También consiste en esforzarse por hacer una apreciación genuina y una aceptación sin prejuicios. Si bien podemos expresar fácilmente respeto por nuestros padres, familia, colegas y amigos, es crucial que reflexionemos sobre nuestro diálogo interior para asegurarnos de que no estamos juzgando en silencio o sintiéndonos superiores a los demás y menospreciándolos.

El auténtico respeto fluye sin esfuerzo, como el agua, cuando va acompañado de auténtico aprecio. Cuando juzgamos a los demás, a menudo lo hacemos debido a nuestros propios sentimientos de inadecuación o vergüenza, y la falta de respeto hacia los demás suele reflejar una falta de respeto hacia algún aspecto de nosotros mismos. Esta crítica interna puede crearnos bloqueos internos e impedirnos establecer auténticos vínculos. Reconocer estos sentimientos es una parte esencial de nuestro trabajo interior. Al aceptar totalmente nuestro lado oscuro, que contiene emociones como la vergüenza, la ira reprimida, los celos, la inseguridad y el miedo, podemos disolver estos bloqueos, permitiendo que nuestra energía fluya libremente y liberando nuestro potencial para florecer. Para desarrollar un auténtico respeto y aprecio por los demás, deberíamos examinar regularmente nuestro mundo interior, identificando cualquier pensamiento de superioridad. Identificar y tomar conciencia de tales pensamientos nos permitirá crecer y fomentará un sentido más profundo del respeto y el aprecio tanto por nosotros mismos como por los demás.

Mi vida se volvió más bella cuando escogí ver aquello que puedo respetar en los demás, en lugar de centrarme en sus defectos.

Sei (清): Purificación

Mi mundo exterior es el reflejo de mi mundo interior.
Sigo purificando mi mundo interior.

Sei (清) es el símbolo *kanji* japonés para la pureza y la limpieza, mientras que el verbo *kiyomeru* (清める) significa «purificar». La purificación, tanto del mundo físico como del no físico, es la base diaria para quienes desean mejorar su vida. Prácticas como la meditación y el yoga son conocidas desde hace mucho tiempo por ayudar a despejar la mente en beneficio del desarrollo espiritual y el bienestar. Sin embargo, también es importante que mantengamos una mente clara y una energía purificada a lo largo del día, a través de la conciencia y la atención, observando conscientemente nuestros propios pensamientos y manteniendo limpio nuestro entorno exterior.

Consideremos el mundo que nos rodea. ¿Cómo ves la tarea de limpiar? En la sociedad actual, la limpieza suele considerarse una tarea de baja categoría, algo que hay que delegar en los demás para poder centrarse en actividades más intelectuales o creativas. Sin embargo, aunque pueda parecer mundano, limpiar es un acto sagrado.

La limpieza purifica no solo nuestro entorno, sino también nuestra mente y nuestro mundo interior. Es un acto de cuidado, respeto y conexión con la energía de alta frecuencia, que contrasta con emociones negativas como la ira, el odio y la codicia. Cuando limpiamos, tanto nuestro mundo interior como el exterior entran en armonía con la energía purificada.

El papel de la limpieza en la cultura japonesa

En Japón, la limpieza está profundamente arraigada en las prácticas espirituales. En el budismo, la limpieza es una de las formas de entrenamiento más importantes para la purificación de la mente y el bienestar físico. Los monjes limpian a diario, a menudo puliendo los suelos de madera con tanto cuidado y atención que la tarea parece un espectáculo de danza. En los templos, se invita a los visitantes no solo a meditar, sino también a participar en las tareas de limpieza como parte de su formación espiritual. Se considera un honor limpiar parte del templo y experimentar la energía sagrada que aporta la limpieza.

En el sintoísmo, tenemos el término *kegare* (穢れ), que significa «impureza» y señala no solo un estado físico, sino la contaminación espiritual que puede acumularse a partir de experiencias, pensamientos o acciones negativas. La práctica del *kiyomeru* (清める), «purificación», resulta fundamental para eliminar tales impurezas. Los rituales sintoístas, que incluyen ceremonias de purificación y prácticas diarias, se centran en la limpieza de los mundos interior y exterior, restaurando la armonía y el equilibrio. La purificación no es solo un ritual, sino una forma de vida que ayuda a que fluya la energía y exista la armonía en nuestro entorno, espíritu y energía vital. A medida que nos volvemos más puros, nos acercamos más a la energía divina o *kami*.

En la ceremonia japonesa del té, el ritual empieza y acaba con la limpieza del cuenco y los utensilios, un acto que purifica no solo los objetos, sino también el campo energético que los rodea. En las escuelas, a los niños japoneses se les enseña a limpiar las aulas e instalaciones escolares como parte de su educación. Esta práctica nos enseña a respetar nuestro entorno y nuestras pertenencias desde que somos muy jóvenes. Recuerdo que en mi época escolar nos ponían de deberes confeccionar nuestras propios paños de limpieza.

Una vez que hemos cambiado nuestras creencias sobre la limpieza, empezamos a apreciar a quienes limpian nuestros espacios públicos. El mero hecho de ser conscientes y agradecer la limpieza de calles y edificios puede transformar nuestra energía, incluso en los días difíciles.

La limpieza es una oportunidad para ofrecer energía amorosa a nuestro mundo exterior e interior. Es tan importante para nuestra alma como la meditación y el yoga. La limpieza nos conecta con las energías de la abundancia, la prosperidad, el valor, el amor, la alegría y la felicidad. Es una tarea sagrada y una práctica esencial en nuestro viaje de manifestación.

Jaku (寂): Serenidad

La serenidad mental es el regalo más hermoso que puedo hacerme a mí mismo.

Jaku (寂) representa un estado de serenidad con una profunda conexión con uno mismo. El concepto se acerca más a la serenidad y la tranquilidad, es decir, un tiempo para la contemplación.

En las enseñanzas de «El Camino del Té», el *jaku* representa el sosiego de la mente. Al igual que el polvo se asienta en el suelo, nuestro parloteo interior cesa, y encontramos la paz interior. Aunque las prácticas de atención plena como la meditación son importantes, también resulta fundamental que encontremos momentos de calma a lo largo del día, durante una pausa para el café o simplemente sentados en silencio, para conectar con nuestro ser interior en lugar de ocupar nuestra mente en todo momento.

La serenidad no consiste en la ausencia de ruido o actividad. Es un estado en el que el diálogo interior de nuestra mente se detiene. En esta serenidad, podemos conectar con nuestro interior, purificar nuestros pensamientos, invitar al respeto y al aprecio, recalibrar nuestra energía y vibración, y alcanzar un estado de ser en el que mente y espíritu están en armonía, fomentando una profunda conexión tanto con nosotros mismos como con el mundo que nos rodea.

Puede que te hayas dado cuenta de que hay mucho silencio y serenidad en la forma de comunicación japonesa. No tenemos que llenar el silencio con palabras todo el tiempo. En este silencio, podemos conectar verdaderamente con nuestro campo de energía. Para calibrar el flujo de nuestra energía vital, la serenidad y el silencio son importantes.

Rituales matutinos

Cada mañana es una oportunidad para hacer que el día que tenemos por delante sea magnífico. Prométete a ti mismo que apreciarás el hecho de estar vivo mediante unas cuantas acciones sencillas que aprovechen el poder del *yoshuku*.

Dondequiera que esté, a mí me gusta empezar el día con un ritual sencillo pero relevante que me ayude a conectar con la energía divina que me rodea y a mantener alta mi energía vital.

Limpieza

Ritual de purificación (*sei*, 清: purificación)

Empieza el día manteniendo el espacio donde vives limpio, fresco y ordenado. Puede parecer una tarea trivial, pero se suele subestimar la importancia de la limpieza. Aunque dediques tiempo a prácticas espirituales como la meditación y el yoga, es igual de importante que respetes y aprecies el espacio donde vives y lo trates como una extensión de ti mismo.

Al despertarme, incluso en invierno, abro la ventana y dejo que entre el aire fresco. Así doy los buenos días a la naturaleza y a la energía divina. A este saludo matutino le sigue hacer la cama y una limpieza rápida del espacio donde vivo, incluyendo el cuarto de baño y la cocina. Estas sencillas rutinas fomentan los sentimientos de gratitud y aprecio por todo lo que utilizo, y empiezo el día con esta gratitud en mi corazón.

Estas rutinas no solo fomentan el aprecio por lo que se tiene. Si la habitación, la casa y las pertenencias están desordenadas, pueden interrumpir el flujo de energía. Un entorno limpio nos hace sentir bien, reduce el estrés y puede acoger el flujo de *kami* o energía divina.

Estas pequeñas acciones pueden transformar cómo te sientes cada día y mejorar tu bienestar físico y espiritual. Las tareas físicas pueden ayudarte a cambiar de mentalidad, sobre todo si tiendes a sentirte decaído o ansioso. Utilizar tu cuerpo y realizar algunas tareas físicas te ayudará a sentirte realizado a primera hora de la mañana.

Ofrenda y oración

Ritual de respeto (*kei*, 敬: respeto; *wa*, 和: armonía)

Después de saludar al aire fresco y hacer una limpieza rápida del espacio donde vivo, empiezo el día con una vela, sal y agua o té japonés, junto con una oración de gratitud por el nuevo día. Esta ofrenda simboliza nuestro agradecimiento por la abundancia de alimentos y bebidas que sustentan nuestra salud y nuestra vida.

Estos objetos ayudan a equilibrar mi energía, representando el *godai* (五大), los Cinco Elementos de la Vida japoneses: Tierra (地), Agua (水), Fuego (火), Viento (風) y Vacío (空). La vela (Fuego) aumenta mi energía si me siento decaída o triste. El Agua (o té) limpia mi mundo interior y calma mi mente si le estoy dando demasiadas vueltas a las cosas. La sal (Tierra), un elemento sagrado en las ofrendas sintoístas, purifica la energía que me rodea y me ayuda a sentirme conectada a la tierra y concentrada en mis tareas diarias. El Viento de la ventana trae aire fresco y me anima a saludar al mundo exterior. En conjunto, lo considero un ritual que me prepara para conectar tanto con el mundo exterior como con la energía divina, me lleva a un estado de amplitud en mi mente y crea el Vacío.

Dirijo mi gratitud hacia la naturaleza, el universo o cualquier presencia divina con la que me sienta conectada. Cuando viajo, hago una ofrenda más sencilla de té o agua.

Tradiciones familiares y adaptaciones personales

Mientras vivía en Japón, mi familia tenía altares en casa para el budismo y el sintoísmo. Desde preescolar, tenía que llevar cada día ofrendas de té y arroz al altar budista, mientras que el altar sintoísta recibía arroz, agua y sal. Estas prácticas se convirtieron para mí en algo tan rutinario como lavarme los dientes. Juntaba las palmas de las manos y decía: «Gracias por hoy, gracias por tu protección», sintiendo una profunda conexión con mis antepasados y los *kami*, la energía divina.

Incluso ahora, aunque no tengo un altar grande y majestuoso en mi casa, como en mi infancia, continúo con esta ofrenda de ritual y oración dondequiera que esté; no es la forma lo que importa, sino la esencia, y esta puede llevarse a cualquier parte. Tú también puedes incluir una versión sencilla de esta práctica en tu vida cotidiana.

Crear un espacio de altar personal

Busca un lugar tranquilo para crear un pequeño altar. En el sintoísmo, se recomienda escoger un espacio luminoso orientado al sur o al este, por donde sale el sol, y colocar el altar por encima del nivel de los ojos. Las ofrendas pueden ser sencillas: agua, arroz y sal, o incluso un simple vaso de agua. Este espacio será el lugar donde serenarás tu mente, invitarás a la energía divina y mantendrás fluyendo tu *ki* o energía vital.

Práctica diaria de gratitud y conexión

Cada mañana, hago una ofrenda de té japonés en mi altar. Siento la energía amorosa que hay en mi interior cuando lo coloco en el altar y rezo una oración de gratitud. Después del ayuno, bebo el té que he ofrecido, lo que me conecta con esta energía amorosa y me permite empezar el día en paz. Esta práctica puede adaptarse a cualquier lugar, permitiendo la conexión con la energía divina mediante la ofrenda y la oración, aunque solo sea con un vaso de agua.

Cambiar de mentalidad mediante rituales

Realizar una sencilla ofrenda puede ayudar a calmar la ansiedad y proporcionar un comienzo tranquilo del día, lo cual predispone a una mentalidad más positiva para lo que se avecine.

Oración de agradecimiento y visualización

En tu oración de agradecimiento, expresa gratitud por estar aquí con tu deseo, ya sea salud, paz, prosperidad, amor o satisfacción. Crea una imagen mental muy detallada de ti mismo en ese estado, utilizando las preguntas y respuestas que creaste en el paso 1. Cierra los ojos e imagina un escenario en el que tu deseo se haya cumplido, utilizando los cinco sentidos para sumergirte en la experiencia.

Movimiento

Ritual de la armonía (*wa*, 和: armonía)

En la actual época digital, nuestra atención suele centrarse en la punta de los dedos y en los dispositivos móviles, y eso bloquea el flujo de energía al resto del cuerpo. El ejercicio físico diario y el movimiento consciente son fundamentales para que fluya nuestro *ki* o energía vital. Cuando movemos el cuerpo, nuestra energía vital se mueve con nosotros. Prácticas como el yoga, la danza, las artes marciales, el pilates y caminar pueden ayudar a eliminar la energía estancada y mejorar la vitalidad. Resulta estupendo hacer movimientos sencillos durante las mañanas y movimientos corporales conscientes a lo largo del día, dado que equilibran mente, cuerpo y alma.

Al igual que las palabras que utilizamos influyen en nuestro estado de ánimo, también lo hacen nuestros movimientos. Incluso podemos convertir nuestras tareas cotidianas, como limpiar o hacer té, en rituales de atención plena. ¿Te has fijado alguna vez en los movimientos y posturas de los sacerdotes y monjes japoneses? Son precisos y deliberados, como los del servidor en la ceremonia japonesa del té, donde cada movimiento es consciente, intencionado y parecido a una hermosa danza.

El movimiento consciente y el mantenimiento de una buena postura pueden afectar positivamente a nuestro *ki* o energía vital. El movimiento nos ayuda a ajustar nuestra vibración y mantiene alto nuestro *unki*, lo cual atrae la energía divina hacia nosotros y nos mantiene en el camino de la manifestación, incluso en las situaciones más difíciles.

Escritura y diario

Ritual de la tranquilidad (*jaku*, 寂: serenidad)

Tómate un momento de serenidad y silencio para observar tu mundo interior cada mañana. Ten un cuaderno y un bolígrafo junto a la cama y, cuando te despiertes, escribe lo que te venga a la mente. Habrá días en los que te sientas preocupado y bajo presión. Aunque no hables de estos sentimientos con nadie, enfrentarte a la energía negativa por medio del diario te ayudará a reconocerlos y procesarlos.

Comprender el subconsciente

A menudo sabemos lo que queremos manifestar, pero no siempre somos conscientes de lo que nos frena a nivel subconsciente. Imagina un árbol: cuando sus raíces están sanas, el árbol prospera, pero si las raíces son débiles, el árbol lucha por sobrevivir. Es crucial que conectemos con nuestras propias raíces: las partes ocultas de nosotros mismos, nuestra mente subconsciente. Te sorprenderá saber cuánta negatividad estás reprimiendo. Estas emociones reprimidas pueden actuar como un freno y obstaculizar nuestro crecimiento, evolución y capacidad de manifestación.

Reconocer las emociones negativas

Si tienes preocupaciones, miedos, ira u otras emociones negativas, escríbelas y reconócelas. Puede que no consigas librarte de ellas inmediatamente, pero al reconocer su existencia te darás permiso para liberarlas. Poco a poco irán disminuyendo, de forma parecida a la sensación que tenemos al pulir un objeto; este se vuelve brillante y sentimos alegría y satisfacción.

Crear una lista de «Cosas por ser»: manifestar a través de tu estado del ser

Además de mi lista de «Cosas por hacer», también me gusta hacer una lista de «Cosas por ser». Aunque muchos de nosotros nos centramos en hacer cosas, es igual de importante que controlemos cómo queremos sentirnos. Realizar tareas puede aportarnos una sensación de logro, pero también puede llevarnos al agotamiento y al estrés. Recuérdate a ti mismo cómo quieres ser hoy: ¿amable?, ¿cariñoso?, ¿productivo? Utiliza tu lista de «Cosas por ser» para guiarte durante el día y relaciónala con tu lista de «Cosas por hacer», si es posible, escrita a mano, ya que el acto físico de escribir envía más señales tanto al cuerpo como a la mente. Además, asegúrate de que tu lista está en consonancia con las intenciones que te has marcado para el nuevo año, de modo que estimule el flujo de energía en tu vida.

Tu estado de ánimo influye en tu vibración. Si hay un estado concreto que deseas manifestar, escríbelo y esfuérzate por encarnarlo. Incluso si en la realidad aún no existe, puedes empezar por crear un esbozo de ese sentimiento. Por ejemplo, si deseas manifestar el bienestar económico, identifica cómo te haría sentir: abundante, seguro, agradecido y en paz. Sintonízate con estos sentimientos durante tus rituales matutinos y a lo largo del día, y expresa gratitud por encontrarte en ese estado preferido. Encarna el principio *yoshuku*.

La lista de «Cosas por ser» es una creación de nuestra manifestación. También podemos crear el estado de nuestro deseo o *negai*. Si escribimos nuestro estado favorito por la mañana, será más poderoso y nos servirá de recordatorio a lo largo del día.

Ahora repasa las respuestas que preparaste en el paso 1. Léelas todos los días.

Rituales de tarde

Cada tarde tienes una oportunidad para la creación y el rejuvenecimiento. Comprométete contigo mismo para afrontar la tarde con un sentimiento de gratitud y con el principio del *yoshuku*, con independencia de lo que te haya sucedido a lo largo del día. Si estás triste, quizá pienses que no puedes mejorar tu estado de ánimo, pero yo soy la prueba de que sí es posible. Con el poder del *yoshuku*, solo hace falta llevar a cabo unas cuantas acciones sencillas.

Dondequiera que esté, a mí me gusta empezar el día con unos rituales sencillos pero valiosos que me ayudan a reconectar con la energía divina y potenciar mi energía vital. A continuación te indico mis rituales favoritos y cómo podrías incluirlos en tu rutina diaria.

Hablar con intención

Ritual de purificación (*sei*, 清: purificación)

¿Recuerdas el concepto de *kotodama*, el poder de las palabras? Cada palabra que utilizamos conlleva un significado y una energía, e influye en nuestra vibración. Para mantener alta la energía:

- Evita maldecir, utilizar un lenguaje soez, chismorrear o hablar mal de los demás.
- Observa cómo hablas de ti mismo y cuál es tu monólogo interno.

- Elige un lenguaje, tanto verbal como interno, que te conduzca hacia la materialización de tu deseo o estado deseado.

Como aprendimos en el paso 2 de la parte 2, las palabras que escogemos determinan nuestra vibración y pueden incluso dirigir nuestros sentimientos. Al escoger tus palabras de forma consciente, asumes la responsabilidad de lo que está sucediendo, cambiando así tu estado de energía al que resulta necesario para la manifestación.

Acostúmbrate a seleccionar tus palabras de forma consciente. Es fácil verse envuelto en cotilleos y críticas con los colegas y amigos. Si te encuentras en un grupo en el que se habla de cosas negativas, no te involucres en la conversación y déjala pasar. Si hablas de una situación negativa, reformula las frases de una manera positiva que pueda llevar a la solución. Esta forma de actuar te ayudará a seguir por el buen camino y a mantener tu propio campo energético para la futura manifestación de tu *negai*.

Gratitud

Ritual del respeto (*kei*, 敬: respeto)

A lo largo del día, recuerda expresar tu aprecio y gratitud por todo lo que encuentres: la comida, el agua, los espacios donde vives y trabajas, la gente que te rodea, la naturaleza y el cambio de las estaciones. Es importante que des las gracias de corazón, sin esperar nada a cambio. Evita pensamientos condicionales como: «Si expreso agradecimiento, manifestaré mis deseos».

En Japón tenemos una hermosa expresión, *itadakimasu* («Recibo con gratitud»), que decimos antes de comer y beber con las palmas de las manos juntas, en posición de oración, y una pequeña reverencia. Cuando acabamos de comer, decimos *gochisōsama* («Ha sido una comida maravillosa»). El agradecimiento es fundamental en nuestras vidas y va de la mano del respeto. Cuando respetamos lo que tenemos, el agradecimiento aparece de forma natural, lo que nos conduce a una existencia más armoniosa.

Preferir el aprecio a la queja

Podemos escoger conscientemente la apreciación frente a la queja o el prejuicio, incluso cuando las cosas no van bien o nos estamos enfrentando a un problema. Por ejemplo, estás en medio de un atasco de tráfico y, en lugar de enfadarte, buscas algo que apreciar, como la oportunidad de escuchar música o practicar un nuevo idioma mientras esperas a volver a ponerte en marcha.

Cuando estés triste o enfadado, reconoce estas emociones pero encuentra rápidamente algo que puedas apreciar. Si las cosas no salen como habías esperado, en lugar de enfadarte, mantente neutral, tómate un minuto para reflexionar y agradece al universo que te haya enviado una señal. Puede significar, simplemente, que hay un camino diferente preparado para ti. Algunas circunstancias pueden ser muy dolorosas, por lo que resulta difícil encontrar algo por lo que mostrar gratitud. Pero afrontar estas situaciones nos ayuda a hacernos más fuertes. ¿Recuerdas las palabras del monje budista sobre los tifones y los cerezos en flor? Date las gracias a ti mismo por tu resistencia, y a la energía divina y al universo por tu crecimiento.

Gratitud a través de la visualización

En la ceremonia *yoshuku* creamos nuestro futuro estado del ser en el momento presente expresando aprecio y gratitud. El agradecimiento es una forma de oración, y debemos escoger conscientemente que seguiremos dando las gracias por nuestro estado favorito del ser. Siempre que tengas un momento, visualiza una situación con tal estado, crea una película mental con todo detalle y siéntelo con intensidad. Mantente en el camino de la manifestación cultivando tu jardín regularmente para que crezcan las flores.

Naturaleza

Ritual de armonía (*wa*, 和: armonía)

La mayoría de nosotros pasamos largas jornadas laborales en espacios interiores, normalmente en oficinas de edificios urbanos. A pesar de ello, es importante que nos mantengamos conectados con la naturaleza y en armonía con ella. Busca la oportunidad de relacionarte con elementos de la naturaleza, incluso en la misma ciudad: observa los árboles, la vegetación y el cielo. Dondequiera que trabajes o pases la mayor parte del día, ten cerca flores o plantas y cuídalas. Sé consciente de estos elementos naturales y conecta con ellos a través del aprecio. Sintoniza con las estaciones del año, ya que la naturaleza es una puerta de entrada a la energía.

Comprométete con las estaciones comiendo productos de temporada y apreciando la época del año en la que te encuentres. Al conectar con la naturaleza, nos alineamos con el universo, sintonizamos con la energía divina y nos mantenemos presentes en el momento.

En Japón, los santuarios sintoístas están ubicados donde existe una presencia de energía divina en la naturaleza. En los últimos años, los baños de bosque, o *shinrin yoku*, han ganado popularidad en todo el mundo por sus beneficios. Se tengan o no creencias espirituales, estar en medio de la naturaleza (caminando entre los árboles o paseando por la playa) aporta una gran sensación de bienestar. La naturaleza tiene el poder de conectarnos con la energía divina y crea espacio en nuestro campo energético y en nuestra mente.

En nuestras ceremonias *yoshuku* estacionales, nos sumergimos en la conexión con la naturaleza y las estaciones del año. La energía que recibimos de la naturaleza es muy poderosa, y es importante que valoremos y mantengamos esta conexión a diario.

Encuentra formas de conectar conscientemente con la naturaleza, ya sea dando un paseo diario, observando los árboles de tu pueblo o ciudad, o cuidando tus plantas de interior o exterior en casa o en el trabajo. De este modo, podrás conectar con el espíritu de la naturaleza, lo cual resulta sanador y calmante para tu espíritu.

Quietud

Ritual de la tranquilidad (*jaku*, 寂)

Cuando tenemos problemas o asuntos que resolver, creemos que estamos obligados a dedicarles todo el tiempo para solucionarlos, y podemos sentirnos culpables si experimentamos también paz y felicidad. Sin embargo, esta mentalidad no nos ayuda a manifestar nuestro deseo. Del mismo modo, aunque la meditación diaria resulta beneficiosa, si después de practicarla te sientes agotado por los problemas y las preocupaciones, tu meditación servirá de muy poco en cuanto a la manifestación. Por el contrario, unos pequeños momentos de tranquilidad pueden ayudarte a mantener la vibración sintonizada con tu deseo, con independencia de otras distracciones, así que busca la oportunidad de hacer pausas a lo largo del día.

Por ejemplo, al tomar una taza de café o té, considéralo una oportunidad para tomarte un respiro, permitiéndote un momento de paz. Sintoniza con el momento presente, libera tu mente del pensamiento y deja que tu cuerpo sienta aquello que desea ser.

Es difícil cambiar de mentalidad cuando uno se siente triste o enfermo. Pero puedes crear un momento de serenidad cambiando de postura, enderezando la espalda, levantando la barbilla y esbozando una sonrisa, inspirando profundamente y espirando lentamente. Repítelo varias veces.

Si estás caminando y tu mente empieza a darle vueltas a los problemas, dirige tu atención hacia lo que estás viendo en ese momento, ya sea los árboles, las plantas o el cielo.

Pase lo que pase, es fundamental que creemos quietud, tranquilidad y espacio en nuestra mente para mantener alto nuestro *unki* (energía vital), lo que nos permitirá mantenernos en el camino de la manifestación de nuestros deseos.

Rituales nocturnos

Nuestros rituales *yoshuku* nocturnos deberían ayudarnos a pasar gradualmente de un día lleno de estímulos a un estado de paz. Regálate momentos de contemplación, reflexión y apreciación en la serenidad. Este momento invita al sueño profundo y permite nutrir el cuerpo, la mente y el alma. También es una oportunidad para que reflexiones sobre tus deseos y bienestar.

Limpieza

Ritual de purificación (*sei*, 清)

Siempre es importante eliminar el estrés, los estímulos y cualquier energía negativa que hayamos acumulado a lo largo del día. En Japón es costumbre hacerlo tomando un baño cada noche. Esta práctica es una parte muy apreciada de la cultura japonesa, ya que es todo un ritual de purificación para el cuerpo y la mente, a la vez que nos regala tiempo para relajarnos al final del día. Hay muchos productos disponibles para mejorar la experiencia del baño, pero a mí me gusta añadir sal marina al agua caliente. La sal marina nos ayuda a limpiarnos, tanto físicamente como en términos de energías no deseadas, fomentando la relajación y preparando la mente y el cuerpo para un sueño profundo y reparador. Como regalo de la tierra, también me ayuda a reconectar con la energía que nos conecta con la naturaleza.

Este ritual de purificación suele ser más eficaz por la noche. Si no tienes bañera, ducharte por la noche también puede ser beneficioso.

Quietud

Ritual de la serenidad (*jaku*, 寂)

Para acabar el día, es importante despejar la mente y crear un espacio interior. Evita el uso de dispositivos electrónicos o las redes sociales, y en su lugar lleva tu mente a un estado de paz.

Prueba este ejercicio: Siéntate tranquilamente con la espalda recta y las manos apoyadas en el regazo. Cierra los ojos y concéntrate en tu respiración, inhalando y exhalando despacio. Lleva gradualmente toda tu atención al cuerpo, empezando por los dedos de los pies y subiendo por las piernas, la espalda, la columna vertebral, los hombros, los brazos, las manos y, por último, la cara, incluyendo la boca, las orejas, la nariz, los ojos y el tercer ojo (el centro de la frente). Mientras inspiras, imagina que unos copos de luz dorados entran en tu cuerpo, iluminando cada órgano, y siente que te conviertes en esa luz. Conecta profundamente con todo tu cuerpo.

Este ejercicio, que te ayudará a conectar cuerpo, mente, corazón y espíritu, puede realizarse en cualquier lugar.

Cuando te sientas calmado, continúa haciendo este ejercicio mientras te imaginas viviendo en el estado que deseas alcanzar, ya sea bienestar, la superación de una depresión o cualquier otro objetivo. Visualízalo con todo detalle, concentrándote en cómo te sentirías y qué estarías haciendo en ese momento. Expresa tu gratitud por haber alcanzado tal estado.

Diario de agradecimiento

Ritual de respeto (*kei*, 敬) y armonía (*wa*, 和)

Me gusta escribir en un diario por las mañanas y antes de acostarme, y a menudo lo combino con la meditación.

Antes de acostarte, escribe tres o cuatro cosas que te hayan gustado del día y tómate un minuto para reflexionar sobre cómo te sientes.

A veces cargamos con miedos y preocupaciones durante todo el día, y hasta acabamos durmiendo con ellos. Estos miedos y preocupaciones pueden «marinarse» durante la noche, lo que afecta a nuestro descanso. Al escribirlos antes de acostarte, los reconoces y haces las paces con aquello a lo que te estás aferrando. Deja que estos sentimientos reposen en tu cuaderno en lugar de hacerlo en tu mente, lo que te permitirá liberarlos antes de dormir. Después, entre que escribes tu diario y te vas a dormir, sigue haciendo cosas que aprecies.

Llevar un diario también es una buena oportunidad para revisar tus deseos utilizando las respuestas del paso 1, o para repetir este ejercicio. Cuanto más te comprometas con la vibración del resultado que deseas, más probable será que invites a su manifestación. Lleva a dormir contigo la sensación de que tu deseo ya se ha cumplido.

Rei

Gratitud

PASO 5:
Honrar el viaje

Cuando tu deseo empieza a manifestarse o cuando alcanzas un hito en el camino hacia la manifestación de tu deseo, es importante celebrarlo y expresar por ello aprecio y gratitud. Aunque la manifestación aún no se haya materializado por completo, dedica tiempo a dar las gracias a todos los que han participado en tu viaje: la naturaleza, los *kami*, la energía divina y, lo que es más importante, tú mismo. Reconoce y alaba tu propio esfuerzo y dedicación.

En la cultura japonesa, junto a la celebración previa que es el *yoshuku*, la celebración posterior también es fundamental en nuestro camino. Después de cualquier evento que implique trabajo en equipo y colaboración, con independencia de que hayamos experimentado el éxito, nos reunimos con quienes han contribuido a él para celebrar nuestra trayectoria y nuestros esfuerzos.

A finales de diciembre, en Japón existe la tradición de despedir el año expresando gratitud mediante reuniones y regalos. Celebramos reuniones informales con colegas, amigos y *nakama* para darnos las gracias unos a otros, reflexionar sobre cómo ha ido el año y honrar el viaje que hemos compartido y los vínculos que hemos estrechado a lo largo del tiempo. Marca el final del año con gratitud y aprecio y nos prepara para el nuevo año.

También existe el *Oseibo*, una costumbre más formal de hacer regalos de fin de año para expresar gratitud a quienes nos han apoyado o ayudado a lo largo del año. El regalo suele ser algo útil y con una bonita presentación para mostrar agradecimiento.

A medida que el año natural cierra su círculo, diciembre representa un punto de cierre y el momento perfecto para que cualquier persona reflexione no solo sobre lo que ha conseguido, sino también sobre su propio viaje. Incluso cuando sientas que no has progresado o te sientas triste, esta celebración de agradecimiento traerá consigo una sensación de *iyash* o bendición serena. Puede que tus flores aún no sean visibles, pero el árbol conoce el esfuerzo y los cuidados que le has dedicado durante todo el año, y pronto aparecerá la flor.

Tómate un tiempo para procesar las experiencias del año y crea una celebración de agradecimiento con tu *nakama*, colegas, amigos, pareja y familia. Y, lo que es más importante, recuerda darte las gracias a ti mismo. No se trata solo de celebrar las manifestaciones o los objetivos que has alcanzado, sino también las experiencias compartidas y el crecimiento que han definido tu camino. Esta celebración sirve para honrar el viaje y a las personas que han hecho que merezca la pena.

Cómo celebrar una fiesta de agradecimiento. Paso a paso

1. Comparte una experiencia: Crea una atmósfera de bendición y sanación participando con otras personas en una actividad que te resulte agradable. Puede ser cualquier cosa, desde asistir a un concierto o pasear por la naturaleza hasta participar en un taller o en prácticas culturales o un acto comunitario.
2. Reflexiona sobre tu viaje: Aprovecha esta oportunidad para hablar de los deseos y objetivos que compartas

con las personas que has reunido, así como de los deseos personales que fijaste a principios de año, y expresa tu gratitud.

- Tómate un minuto para reconocer los hitos que has alcanzado y el apoyo de los demás.
- Reconoce la resistencia y el esfuerzo que tanto tú como los que te rodean habéis demostrado.
- Junto con los que están celebrando y practicando el *yoshuku* contigo, mira los símbolos *kanji* que representan tu deseo, objetivo o intención De tu práctica del *yoshuku* de invierno del paso 3, y reflexiona sobre cómo has vivido en consonancia con lo que te habías propuesto. Si has manifestado tu deseo o sientes que has vivido de acuerdo con tus intenciones, pon tu firma junto a tu símbolo *kanji* y da las gracias al universo, a la naturaleza, a los *kami* y a todos los que te han apoyado a lo largo del camino.

3. Celebra lo lejos que has llegado: Reconoce y honra las manifestaciones, logros y contribuciones de los demás, y expresa tu gratitud por el apoyo, el compañerismo y el esfuerzo colectivo de todos. Comparte una comida ligera con alimentos o bebidas que simbolicen el mes y que sean especiales para la tradición nacional o local, como nuestro *gyōjishoku* en Japón (véase el capítulo 4).
4. Cierra el año con gratitud y mira hacia delante: Celebra una ceremonia para despedir el año intercambiando pequeñas muestras de gratitud en reconocimiento del camino recorrido, como un bonito regalo o una tarjeta de agradecimiento escrita a mano. Comparte tu compromiso de apoyaros mutuamente en los próximos años y entra en el siguiente ciclo, el nuevo año.

舞

Mai

Danza

EPÍLOGO

Recuerda que la vida se desarrolla en ciclos. Así como las flores del cerezo florecen en el árbol cada primavera, nuestros deseos se manifestarán en la estación adecuada de nuestra propia vida. En nuestros momentos más oscuros, podemos sentir dudas, e incluso rabia, porque aún no podemos ver las flores que deseamos. Pero al igual que un árbol fortalece sus raíces para soportar una tormenta, nosotros también evolucionamos a través de las dificultades, el dolor y la tristeza. Incluso sin florecer, reconocemos el cerezo por su esencia, pues contiene la energía divina que, con el tiempo, dará lugar a unas hermosas flores.

Del mismo modo, tenemos nuestra propia esencia, nuestra energía vital, que nos sostiene incluso en los inviernos más oscuros de nuestra vida. Esta esencia mantiene la posibilidad de que nuestras propias flores, nuestros deseos y sueños, se manifiesten cuando llegue nuestra primavera.

Cuando estamos pasando por dificultades, la idea de «celebración» puede parecer muy lejana. Pero la celebración no se refiere solo a la alegría que produce alcanzar un objetivo personal. Es una apreciación más profunda de la existencia, de la fuerza vital que hay dentro de nosotros y en todos los seres que nos rodean; la energía invisible y divina que sustenta nuestra vida y que nos llena de luz y amor.

Expresando gratitud a diario, especialmente durante los periodos más tempestuosos de nuestra vida, damos un pequeño paso hacia el aprecio de la existencia. El agradecimiento es el nutriente que ayuda a florecer nuestros deseos, aportando amor, paz y luz incluso en nuestros momentos más oscuros.

Al cuidar continuamente nuestra verdadera esencia (las vibraciones de paz y amor que hay en nuestro campo energético), creamos las condiciones necesarias para hacer realidad nuestros sueños.

Ahora, mientras yo sigo bailando por mi vida, que las flores de la tuya florezcan en paz.

Godai:
Los cinco elementos de la vida

地

***Chi*: Tierra**
Con el poder de la Tierra,
construyo mis cimientos.
Me mantengo en equilibrio.

水

***Sui:* Agua**
Con el poder del Agua,
Elimino lo que no me conviene.
Mantengo mi alma limpia.

火

***Ka:* Fuego**
Con el poder del Fuego,
Activo mi cuerpo y mis sentidos.
Mantengo caliente mi corazón.

風

***Fu:* Viento**
Con la fuerza del Viento,
Comparto mis pensamientos y sentimientos.
Dejo que mi alma se conecte.

空

***Ku:* Aire**
Con el poder del Aire,
Vacío mis pensamientos.
Estoy abierto a recibir.

Azumi Uchitani.

GLOSARIO

bon nō 煩悩: Término budista que significa «aflicción mental»; la causa del sufrimiento humano y obstáculo para vivir en paz y armonía.

en / go-en 縁・ご縁: Conexión mística espiritual y encuentro guiado por el universo de la energía divina.

engi 縁起: Acontecimientos que suceden en nuestras vidas y que desempeñan un papel fundamental al guiarnos hacia deseos y manifestaciones, dirigiendo nuestra energía hacia el mejor camino. Agente de apoyo para aumentar nuestro *unki*.

godai 五大: Los cinco grandes elementos de la vida en el budismo japonés, los cuales se cree que dan forma a nuestra vida y a todo lo que existe en el universo: *chi* 地 (Tierra), *su* 水 (Agua), *ka* 火 (Fuego), *fū* 風 (Viento) y *kū* 空 (Aire, Vacío).

gyōjishoku 行事食: Comidas ceremoniales que se comparten con la familia, los amigos y la comunidad durante eventos especiales. Propician la buena suerte y simbolizan la estación del año y la esencia de la celebración.

hana 花: Flor, flores.

hanami 花見: Observación de los cerezos en flor.

hatsumōde 初詣: Primera visita del año a un santuario sintoísta para dar las gracias por medio de la oración. Se pide felicidad, salud, prosperidad y protección para el año que acaba de empezar.

ichi go ichi e 一期一会: «Una vez, un encuentro»: creencia de que cada momento es irrepetible y una experiencia única en la vida.

ikigai 生き甲斐: Significa, literalmente, *iki* (del verbo *ikiru*: «vivir») y *gai* («vale la pena hacerlo»), y se traduce como «Vale la pena vivir». Se refiere a aquello que valoramos en la vida y que nos aporta plenitud y una profunda gratitud por estar vivos.

ima 今: Ahora, el momento presente.

iyashi 癒し: Curación, una bendición serena. Momento en que una luz maravillosa entra en nuestras vidas.

jaku 寂: Serenidad, uno de los cuatro principios de la vida, transmitido en las enseñanzas de Sen No Rikyū.

kakizome 書初め: La primera escritura de caligrafía japonesa del año.

kami 神: Deidad, espíritu divino.

kanji 漢字: Los *kanji* son caracteres pictográficos que tienen su origen en los caracteres chinos, pero que han evolucionado de forma diferente en Japón. El japonés tiene 2.136 *kanjis* oficiales (conocidos como *Jōyō kanji* 常用漢字) que se utilizan de forma habitual en la vida cotidiana. Los *kanji* se utilizan junto con dos conjuntos de alfabetos: *hiragana* y *katakana*.

Kansha 感謝: Expresión de profundo aprecio y gratitud.

kegare 穢れ: Impureza, la cual se refiere no solo a un estado físico, sino también a la contaminación espiritual producida a partir de experiencias, pensamientos o acciones negativas.

kei 敬: Respeto, uno de los cuatro principios de la vida, transmitido en las enseñanzas de Sen No Rikyū.

ki 気: Energía vital.

kintsugi 金継ぎ: Literalmente significa «costura de oro» y es el arte japonés de reparar y transformar cerámica rota. Se aplica laca a las grietas y luego se las colorea con polvo de oro para darle una nueva vida a la pieza.

kiyomeru 清める: Purificar, limpiar, tanto física como espiritualmente.

mai 舞: Mai describe los movimientos corporales lentos, suaves, deliberados y elegantes con una expresión interior de emoción que se exhiben en la danza espiritual y tradicional japonesa. Existen dos palabras japonesas que significan «danza»: *mai* y *odori*. *Odori*, por su parte, se refiere a los movimientos corporales que se hacen al ritmo de la música con una expresión extrovertida y abierta, más en consonancia con el concepto occidental de la danza.

mizuhiki 水引: Forma tradicional y simbólica de hacer nudos que se utiliza para envolver regalos ceremoniales, especialmente sobres que contienen dinero como regalo. Las formas, el número de cordones y las combinaciones de colores se eligen con sumo cuidado para armonizar la energía y expresar intenciones concretas.

nakama 仲間: Grupo de personas que comparten el mismo propósito, visión e intereses, y que establecen fuertes lazos de lealtad, con respeto y apoyo recíprocos.

negai 願い: Deseo, esperanza.

negai o kanaeru 願いを叶える: Hacer realidad los deseos.

Niiname-no-Matsuri 新嘗の祭 : Ritual sintoísta de la cosecha que se celebra cada noviembre. Es uno de los rituales oficiales de la corte japonesa. Conserva unos fuertes vínculos con sus raíces agrícolas y su herencia cultural.

O-Bon お盆: Ceremonia anual para honrar y sanar a los espíritus de los antepasados, arraigada en antiguas creencias japonesas y tradiciones y costumbres budistas. Dura tres días, entre mediados de julio y mediados de agosto, dependiendo de la región del país. Esta tradición congrega a familias y comunidades para mostrar respeto y sanar a los espíritus de los miembros fallecidos.

oseibo お歳暮: Costumbre japonesa de dar regalos a final de año para expresar nuestra gratitud a quienes nos han apoyado o ayudado durante el año. El regalo tiene que ser algo práctico y se presenta de forma estética.

Oshōgatsu お正月: Periodo del Año Nuevo en Japón, el cual se celebra tradicionalmente del 1 al 3 de enero. Es una importante festividad que celebra el año entrante con reuniones familiares, en las que se dan las gracias por la felicidad, la salud y la prosperidad mediante tradiciones como comidas festivas *(osechi-ryōri)*, visitas a santuarios sintoístas *(hatsumōde)* y ceremonias para marcar el nuevo comienzo de las actividades diarias.

rei 礼: Acto de mostrar gratitud y aprecio.

sadō /chadō 茶道: Camino 道 del Té 茶, conocido popularmente como «ceremonia japonesa del té». Se trata de un profundo ritual de purificación de la mente y de hospitalidad sagrada que se desarrolla a través del proceso de elaboración del té matcha (el té verde en polvo, que es la forma más selecta de té japonés), siguiendo todos sus pasos y etiqueta con perfección estética y en armonía con la naturaleza y la estación del año. El *sadō* fue perfeccionado por el maestro del té y filósofo Sen no Rikyū en el siglo XVI.

sakura 桜: Flor del cerezo, las flores del cerezo ornamental.

satori 悟: Proveniente de la terminología budista, significa el aprendizaje obtenido a partir de una experiencia vital o un estado del ser que es fruto de una nueva perspectiva y punto de vista.

sei 清: Pureza, uno de los cuatro principios fundamentales de la vida, transmitido en las enseñanzas de Sen No Rikyū.

Budismo shingon / *Shingon shū* 真言宗: Una de las escuelas budistas japonesas del budismo esotérico, fundada durante el periodo Heian (794 a 1185) por Kūkai (空海, 774 a 835), también conocido como Kōbō Daishi. Kūkai estableció sus enseñanzas en el monte Kōya (Kōyasan), en Wakayama, que sigue siendo un importante lugar de peregrinación en la actualidad. El budismo shingon se practica mediante el uso de mudras (gestos con las manos), mantras (cantos sagrados del Sutra del Corazón) y mandalas (diagramas de símbolos). Su sistema de creencias se basa en el culto a Dainichi Nyorai (el Gran Sol), que representa al Buda cósmico con su luz y sabiduría universales.

shinrin yoku 森林浴: Baño de bosque, que consiste en sumergirse en la energía de los árboles caminando y pasando tiempo en el bosque, lo que favorece la relajación y la sanación, con beneficios generales para la salud.

Shinto 神道: Antigua religión y filosofía indígena japonesa. Sus creencias se remontan al período prehistórico Jōmon (14.000 a. C.-300 a. C.). El sintoísmo se basa en la idea de que coexistimos con innumerables deidades (espíritus divinos llamados *kami*), entre los que se encuentran nuestros espíritus ancestrales, poderosos espíritus locales y los espíritus de la naturaleza. El sintoísmo comparte la creencia del animismo de que todas las cosas, tanto animadas como inanimadas, tienen una esencia espiritual.

shuku 祝: Celebración.

sodatsu 育つ: Crecer.

Sōzō: Homófonos con diferentes *kanji* y significados.

想像: Imaginación, acto de formar imágenes mentales e ideas, siendo un proceso interno.

創造: Creación, un acto de realización, con un resultado externo.

Tanabata 七夕: Conocido como el «Festival de las Estrellas», es uno de los *o-sekku* (cinco festivales estacionales en Japón) y se celebra el 7 de julio. Celebra la leyenda de Orihime y Hikoboshi, dos amantes celestiales que solo pueden encontrarse una vez al año en la Vía Láctea. Se escriben poemas y deseos en tiras de papel de diferentes colores (conocidas como *tanzaku*) y luego se cuelgan en bambú, simbolizando el envío de deseos al universo.

torii 鳥居: Puerta de madera de dos postes que marca la entrada y el paso a la energía divina sagrada o *kami*. Conduce a los santuarios sintoístas o lugares sagrados.

unki 運気: El flujo y el estado de nuestra propia energía vital o dirección espiritual.

wa, kei, sei, jaku 和 敬 清 寂: Los cuatro principios de la vida: *wa* (armonía), *kei* (respeto), *sei* (pureza) y *jaku* (serenidad), cada uno de ellos transmitido en las inmortales enseñanzas de Sen No Rikyū, el maestro del té y filósofo japonés del siglo XVI conocido como el padre del *sadō* o *chadō* (茶道), «El Camino del Té».

wa 和: Armonía, uno de los cuatro principios de la vida, transmitido en las enseñanzas de Sen No Rikyū.

yoku 欲: Deseo personal que representa un estado de carencia, ansia, codicia.

yoshuku 予祝: Antigua costumbre japonesa de celebrar de forma ceremonial y por adelantado un acontecimiento que deseamos que ocurra, junto con la familia y otras personas que son importantes para nosotros.

zen 禅 / budismo zen (o *Zen shu* 禅宗): El budismo zen es una de las escuelas budistas japonesas que se establecieron durante el periodo Kamakura (1185 a 1333). Gira en torno a la meditación (conocida como *zazen*) y a las experiencias directas de la vida cotidiana, con el objetivo de calmar la mente, comprenderse mejor a uno mismo y sentirse mucho más satisfecho.

AGRADECIMIENTOS

En noviembre de 2023, tras dejar mi trabajo en una empresa, tomé la rápida decisión de dedicarme a escribir durante cuatro meses. Me compré un portátil nuevo, dispuesta a empezar de cero, y me subí a un avión con destino a Japón para celebrar el Año Nuevo (un nuevo comienzo) con mi familia. Cuando me encontraba volando por encima de las nubes, me llegó un correo electrónico: «¿Le interesaría escribir un libro?». Era de Penguin Random House UK. Y así comenzó este viaje…

Me gustaría expresar mi más profunda gratitud a Karolina Kaim por permitirme iniciar mi viaje literario, y a Emma Henderson por acompañarme en cada página con su sincera perspectiva de editora. A Alex Newby, gracias por guiarme con tanta delicadeza, y a Nick Lowndes, gracias por el toque final. Mi más sincero agradecimiento a Daniel Bunyard y a Corina Bolino por su dedicación y atentas indicaciones. A todos los que trabajan en Penguin Random House UK, a nuestros socios internacionales y a Nina Shields en EE.UU.; vuestro apoyo ha sido realmente inspirador y reconfortante. Estoy profundamente agradecida a todos vosotros.

A mi padre y a mi madre; este libro es la flor de vuestro amor. Gracias por traerme a este mundo. お父様、お母様の深い愛情が美しい花になりました。心から感謝申し上げます。

A mi hijo Max, mi mayor apoyo y valiosísimo socio, gracias por estar a mi lado y crecer conmigo día a día.

A mi hermano, gracias por su aliento y apoyo a lo largo de toda mi vida. A mi sobrina, mi sobrino y mi cuñada, gracias por darme tantas alegrías.

A mis difuntos abuelos, antepasados y a nuestro santuario sintoísta: gracias por la sabiduría y la esencia de la vida que han sido transmitidas de generación en generación.

A mis familiares en Irlanda: gracias por vuestro cariñoso apoyo durante mi viaje.

A mis maravillosos amigos, que me han apoyado de tantas maneras a lo largo del viaje de la escritura: os estaré eternamente agradecida.

A mis queridos amigos, repartidos por todo el mundo: aunque lejos, habéis sido el sol en mis días de escritora. Gracias por formar parte de mi vida.

A todos aquellos que habéis influido en mi vida, tanto profesional como privada, durante los más de veinte años que he pasado en Países Bajos, así como en Dublín, Nueva York y Londres, os estoy profundamente agradecida por vuestro leal apoyo.

A los miembros de la Academia de la Sabiduría Japonesa: gracias por vuestro vínculo familiar y cariñoso apoyo.

A mis profesores y médicos: gracias por vuestro apoyo constante, que ha hecho que el árbol de mi vida sea fuerte y esté bien enraizado.

A mis grandes maestros de tango (desde Carlos Rivarola, que me proporcionó una base, hasta Gabriel Missé, que lleva adelante su espíritu), gracias por enseñarme la verdadera esencia del tango argentino y llenar mi viaje de gracia y pasión.

Por último, a Luke, nuestro querido perro y mi compañero de escritura, que se convirtió en polvo de estrellas mientras yo terminaba este libro: gracias por estar a mi lado durante trece años, colmándome de amor incondicional. Siempre estarás en nuestros corazones y en cada página de este libro.

Y gracias, Universo, por traer el *Yoshuku* al mundo.